南北戦争英雄伝

分断のアメリカを戦った男たち

小川寛大
ジャーナリスト

825
中公新書ラクレ

はじめに

アメリカ合衆国バージニア州の州都、リッチモンド。かつてアメリカが未曽有《みぞう》の内乱、南北戦争（1861〜65）を戦っていた時代に、その南部側（アメリカ南部連合国）の首都がおかれていた街である。

筆者がそのリッチモンドを訪れたのは、2019年3月のことだった。街の中心部を走る目抜き通りにランドアバウト（円形交差点）があって、その中心部はちょっとした公園のような、緑地帯になっていた。そしてその中心には、見上げるような、ある人物の巨大な銅像が立っていた。南北戦争における南軍の伝説的指揮官、ロバート・エドワード・リー将軍（1807〜70）の銅像だった。リッチモンドにその銅像が建てられたのは、1890年のこと。実に100年以上にもわたって、この南軍の英雄の銅像は、いわば「敗者の都」であるリッチモンドを見守るようにそびえ続けてきたのだ。

銅像の足元では、1人の白人男性が、息子と一緒にキャッチボールをしていた。筆者が声をかけて写真撮影を頼むと、彼は快く、銅像の前に立つ私の写真を撮ってくれた。「日本に住む南北戦争史のファンで、一度リッチモンドには来てみたかったんですよ」と筆者が言うと、彼はまさにこぼれんばかりの笑みを浮かべて、「いい旅を!」と握手してくれた。

しかし現在、そのリーの銅像はリッチモンドにない。2021年、当時全米で巻き起こっていた黒人差別への抗議運動「ブラック・ライブズ・マター」(BLM)のなかで、この銅像の存在は「いまなお残る白人至上主義の象徴である」というふうにとらえられ、撤去されてしまったのである。

リーの銅像があったリッチモンドのその通りには、ほかにもトマス・ジャクソン(1824~63)やジェブ・スチュアート(1833~64)などの、南北戦争における南軍指揮官たちの銅像もあり、通称「銅像通り」などとも呼ばれていた。しかし現在、そのような、特に南軍関係の銅像は、リーのものとともにあらかた撤去されてしまった。撤去直前のリーの銅像の様子が、あるテレビの国際ニュースで流されていたが、活動家たちによってスプレーなどでさまざまな落書きがなされており、なかには口にすることさえはばかられるような侮蔑語が書き込まれている様子も見てとれた。

なるほど、南北戦争とはよく知られているように、当時のアメリカ南部に存在した黒人奴隷制度の是非をめぐって引き起こされた内乱である。総計で約60万人という、アメリカが第2次世界大戦やベトナム戦争でも出したことがない人数が戦死し、まさに「アメリカ史上最大の戦争」ととらえるアメリカ人も少なくない。連邦制や多民族国家などといった、アメリカという国のあり方に関し、一つの結論を出した戦いともみなされており、この戦争によって、現在のアメリカ人の精神構造は規定されたとまで言われることがある。

そのような戦いのなかにおける「南軍の指揮官たち」とは、どのように言いつくろっても「奴隷制度を擁護するために戦った人々」である。人種差別の象徴のように見られることも、決して不自然ではない。しかし同時になぜ、そういう人々の銅像がこれまで、誇らしげにリッチモンドに立っていて、100年にもわたって親しまれてさえいたのか。これは考える価値のある疑問であろう。

特にリーという人物は、数にまさる北軍を奇抜な作戦で出し抜き続け、いわば日本史における源義経や上杉謙信などのような軍神とみなされてきた人物で、アメリカの歴史ファンの間ではそれなりに人気もあった。そういう彼には、「実は奴隷制に心のなかでは反対していた」「温厚で心優しい紳士だった」といった伝説じみたイメージさえまとわりつくようになっていき、アメリカ史の中において一種の聖人視さえされていた人物だった。

しかし、繰り返すように、BLMのなかでリーは「差別者」とされ、彼の銅像も「公共の場にあってはならないもの」とされて撤去された。これは彼を覆っていた、ある種の偽りのベールがはがされた結果なのか、それとも現代社会の暴走なのか。

いったい、リーをはじめとする南北戦争を戦った人物たちとは何者だったのだろうか。その時代の人物の歴史上の足跡が、まさにBLMのように現代アメリカ政治にさえ影響を与えていることを考えると、実は南北戦争という160年前の戦争は、決して「過去のこと」ではない。アメリカが世界の超大国であり、その一挙手一投足が世界中の国々に影響を与える現在の状況を考えれば、この日本においても「南北戦争とは何だったのか」を考えることは、決して無益ではない。

南北戦争とは米国史上における事実上唯一の内乱で、当時34あった州が、北部23州、南部11州に分かれて4年間争い、60万人近い戦死者が出た、非常に大きな戦いだった。戦争の主な原因は、当時のアメリカ南部にあった黒人奴隷制度で、北部側がその制度への反対を唱えだしたところから、建国(イギリスからの独立)よりちょうど85年となる1861年、合衆国は分裂して、4年にわたる壮絶な内乱が戦われることになる。

日本の西南戦争やスペイン内戦などを例に出すまでもなく、同じ民族同士が相争う内乱とは、対外戦争以上に、その国の人々に、自分たちの歴史や社会とは何なのかという問いを突き付ける。実際にアメリカ合衆国は、独立戦争よりも南北戦争を経て、現在の国の形が定まったと言われることも多い。それだけその内乱のなかで、多くの人々が悩み、自己への問いかけを続けたことの証だろう。

本書は、そうしたアメリカ史上最大の事件だったと言っていい南北戦争のなかで、実際に戦場を戦った代表的な軍人、14人の小伝をまとめたものである。ある者は祖国の分断に悩み、またある者は明確に「国」よりも「故郷」を守ることを優先し、さらにある者は当時の政治状況に翻弄され、そしてまたある者は、国を分けた凄惨な戦いのなかで、世界の戦争の歴史を変えてしまうような新しい戦略手腕を示した。そういう、さまざまな意味で未曽有の内乱を戦った、個性ある人々の生きざまというものを書き記してみた。

前述した、南軍のリーやジャクソン、スチュアートといった人々は、人種差別の擁護者といった批判を浴びてきたのと同時に、確かな軍事手腕を持った指揮官であり、南部の郷土愛を支える象徴としても遇されてきた。一方で、北軍のユリシーズ・S・グラントやウィリアム・シャーマンといった指揮官は、リーをはじめとする南軍の猛将らに最初圧倒されながら、その苦しい戦いのなかで「総力戦」の概念を見出し、現在に続く近代戦の原型をつくり上げたともされる人々である。言ってみれば、戦争の概念というものをガラリと変えてしまった、織田信長や豊臣秀吉のような人物と、アメリカで見られているわけである。

もちろん、南北戦争と言われてもピンとこない日本の読者は多いと思う。よって本書では、その14人の人生をながめながら、何となく南北戦争の全体の流れがわかるような形で書いていくことに努めた。しかしながら軍人の伝記集ということもあり、どうしても政治的な事柄、特に当時の合衆国大統領たるエイブラハム・リンカーンの動向や、戦争原因ともなった黒人奴隷制にまつわる問題などは、かなり割愛しながら書くしかなかった部分がある。かつ、個々の戦闘の状況そのものについても、本書ではそこまで詳述してはいない。そういう、南北戦争全体の総合的な歴史を知りたいという読者がおられたら、拙著『南北戦争――アメリカを二つに裂いた内戦』（中央公論新社、2020年）を、ぜひ手に取っていただきたい。本書は日本の読者人諸氏から意外な好評を得た同書の、いわば姉妹編である。

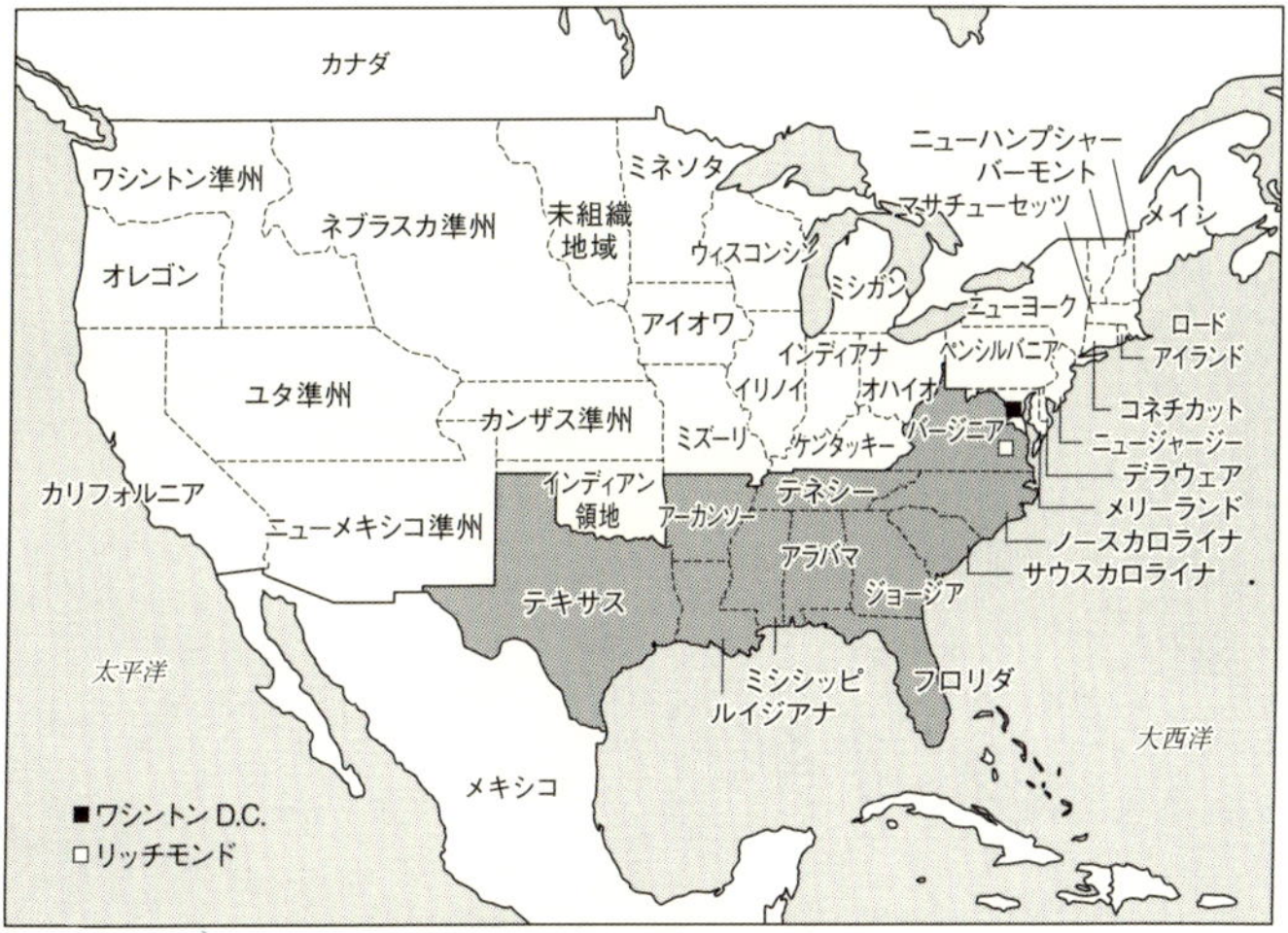

アメリカ地図(1860年)

※網かけ部は南部連合国に加盟した州　　出典:小川寛大『南北戦争』

筆者注：アメリカ先住民に対する呼称にはさまざまなものがあるが、本書では南北戦争当時の歴史背景、また近年の先住民運動のあり方などを考慮したうえで、「インディアン」の表記で統一する

目次

第3章 困った人たち

第6章 決戦

地図作成／椚田祥仁
写真／アメリカ議会図書館
本文DTP／今井明子

南北戦争英雄伝

分断のアメリカを戦った男たち

第1章

素人の軍隊

南軍　P・G・T・ボーリガード

Pierre Gustave Toutant Beauregard

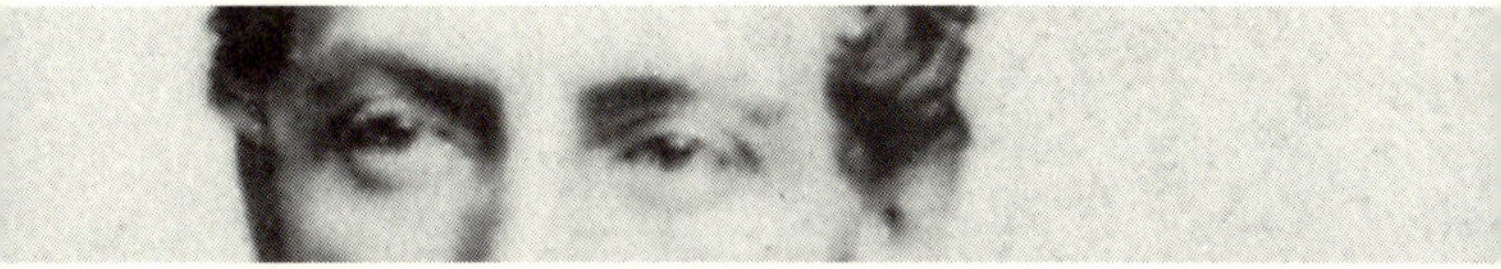

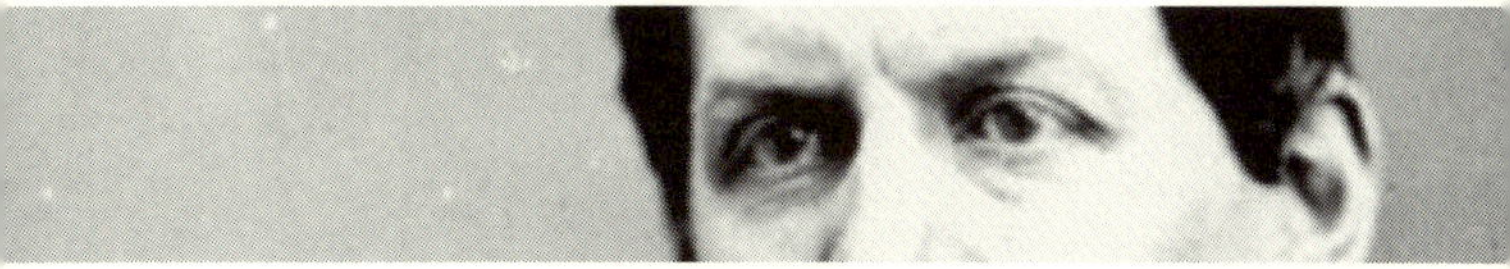

George Brinton McClellan

ジョージ・B・マクレラン　北軍

19世紀中ごろ、アメリカ合衆国は大きく「分断」されようとしていた。黒人奴隷を使い、莫大な富を生む綿花プランテーション農業を主要産業とするアメリカ南部に対し、商工業者や小規模独立自営農民を中心とするアメリカ北部は、その南部の奴隷制度を、非道徳的かつ前近代的な悪習だと批判し続けていた。1854年に結成された、「反奴隷制」を党是に掲げる新党・共和党は、1860年の大統領選挙で初めて勝利し、エイブラハム・リンカーンという男をホワイトハウスの主にすることに成功。一方、南部の奴隷農園主らを主要な支持層とする民主党は、この選挙に敗れ、自分たちの将来に深刻な危機感を抱くようになる。

1861年2月、アメリカ南部の諸州は、「これ以上、北部・共和党の率いるアメリカ合衆国のなかで生きていくことはできない」とし、自分たちの新国家・アメリカ南部連合国（Confederate States of America）を建国したと宣言。同年4月12日、南部サウスカロライナ州にて、その「新国家の軍隊」を称する武装集団が、同州内にあった合衆国政府管理下の軍事施設・サムター要塞に攻撃を仕かけ、南北戦争と呼ばれる内戦が始まることとなる。

最終的にこのアメリカ南部連合国に加わったのは、いずれも南部地域にあるアーカンソー州、アラバマ州、サウスカロライナ州、ジョージア州、テキサス州、テネシー州、ノースカロライナ州、バージニア州、フロリダ州、ミシシッピ州、ルイジアナ州。当時のアメリカ合衆国にあった34の州のうち、11の州が「離脱」したことになる。

当初はなぜか南北双方とも、「この内乱は、ほんの数カ月程度のことで終わる」と楽観的に見ていたが、開戦後初となる本格的会戦・第1次ブルランの戦い（1861年7月21日）の内容は、実にひどいものだった。お互いが急ごしらえでつくり上げた素人同然の軍隊は、まともな統制もなく戦場で支離滅裂な衝突を繰り返し、北軍は敗北して潰走、勝った南軍も極度の混乱状態に陥り、敵の追撃などまったく行えないありさまだった。

何とか体制を立て直し、きちんとした戦時国家の陣容を整えようと考えた南北双方の政府だったが、南部ではお山の大将気取りの政治家や高級軍人たちによる内輪もめがひどく、また北部では貧農出身のリンカーン大統領を侮《あなど》る勢力があちこちにいて、戦時でありながら「国家の団結」そのものに難があるような状況から、なかなか抜け出すことができなかった。

ヨーロッパ諸国などから「素人の戦争」と嘲笑されながら始まったこの内戦は、まずそういった足場固めから行わなければならないような状況だった。結果として、この戦争が4年にもわたって続き、60万人近い死者を出す凄惨なものとなると正確に予測できていた関係者は、開戦初期、アメリカのどこにも存在していなかった。

南軍

P・G・T・ボーリガード

不遇をかこった「灰色を着たナポレオン」

Pierre Gustave Toutant BEAUREGARD
1818-1893

フランス人同然だった少年

アメリカの内戦、南北戦争を戦った南軍の将軍に、ピエール・ギュスターブ・トゥータン・ボーリガードという人がいた。「ピエール」という名前はあまりアメリカ人らしくもないが、その通りで、彼はフランス移民の血筋を引く人物だった。1818年にアメリカ南部、ルイジアナ州のニューオリンズ郊外で生まれた彼は、12歳のときに北部ニューヨークの学校へ国内留学するまで、フランス語以外の言葉をしゃべったことがなかったという。

そんな「フランス人」同然だったピエール少年が生まれ育ったルイジアナとは、そもそもフランス語で、「ルイに関係するもの」という意味の言葉である。ルイとは誰か。それはほかでもない、太陽王と呼ばれ、ブルボン朝の最盛期を築いたとされるフランス君主、ルイ14世のことである。

アメリカ合衆国とは、北米大陸に存在したイギリス植民地の人々が本国に対して反乱を起こし、その結果1776年に独立・建国された国である。しかし、独立当初のアメリカ合衆国とは、北米大陸の東海岸にある13の州のみによって構成されていたもので、50州を擁する現在のアメリカに比べ、あまりに小さな国だった。また当時の北米大陸には、スペインやフランスといったヨーロッパ諸国が、イギリスとはまた違ったそれぞれのルートで到達し、植民地にしていた場所があった。そして、現在のルイジアナ州に相当する部分こそが、17世紀後半からフランス人入植者たちが「ルイのもの」、すなわちルイ14世のための植民地として、開発を行ってきた場所だったのである。

ルイジアナがアメリカ合衆国の領土になったのは、1803年のことである。当時のフランスの権力者はナポレオン・ボナパルトで、彼はヨーロッパにおいて、イギリスをはじめとする周辺国との対立、闘争に、まさに忙殺されていた。相次ぐ戦争のための軍資金を、フランスは欲していた。かくしてナポレオンはアメリカ合衆国に、1500万ドルで北米の植民地を売却する決断をしたのである。

しかし、ルイジアナに暮らしていたフランス人たちの多くは、すでに北米大陸に自分たちの生活基盤を築いていた。彼らは以後、アメリカ合衆国のなかで、「クレオール」(フランス語で「植民地生まれの人」という意味の言葉)と呼ばれながら、独自の文化や風習を守りつつ暮らしていくことになる。

歴史家のコリン・ウッダードはその著書『11の国のアメリカ史』において、アメリカは11もの文化圏に細分化されている国で、決して一枚岩にはなれないと喝破した人物だが、彼はルイジアナ州の特に南部、ニューオリンズ周辺について、「ニュー・フランス」という独自の文化圏であると定義し、周辺の南部諸州とは隔絶した地域だと説いている。そういう独特なる地域において、ピエール・ボーリガードは、生まれ育ったのである。

綿花が分けた奴隷制への賛否

南北戦争がなぜ起こったのか、その原因を一言で説明することは難しい。その戦いが終わってから160年近くを経た今でも、アメリカ国内にはそれについての無数の説が存在し、研究者や市井《しせい》の歴史ファン、また政治活動家といった人々の間で、「ああでもない、こうでもない」の議論が繰り広げられている。それは日本においていまなお、「太平洋戦争とは何だったのか」についての、はっきりした国民的合意が形成されていないことと似ている。

しかし、ひとつだけ確実なことがある。それは当時のアメリカに存在した黒人奴隷制度がなければ、この巨大な内乱は決して起こらなかったということだ。

南北戦争前夜、すなわち19世紀中ごろの時代、アメリカ合衆国は、国の定めとして奴隷制を禁止していなかった。一方、そのころのヨーロッパ諸国のほとんどは奴隷制度を法律で禁止しており、その意味で当時のアメリカは、白人文明圏のなかで例外的な国にさえなりつつあった。その理由ははっきりしている。アメリカの南部地域では、綿花を栽培することができたからだ。

18世紀の半ばからヨーロッパで起こった産業革命が育てた代表的な産業のひとつが紡績業、すなわち綿織物の生産である。しかしその原料である綿花は、ヨーロッパの寒冷な気候では栽培することができなかった。そしてインドや中国といった、現在でも綿花の一大産地として知られる地域は、当時白人文明圏の影響下になかった。そういう時代環境のなかでアメリカ南部とは、ヨーロッパの資本家たちが容易に接触できる貴重な綿花の生産地だった。アメリカ産綿花の需要はうなぎのぼりとなり、米南部には綿花がもたらした、莫大な富が蓄積されていく。その南部に広がる広大な綿花プランテーションで働かされていたのが黒人奴隷であり、トラクターなどの農業機械がないその時代、黒人奴隷なくしてプランテーションの維持はできなかった。

しかし一方、アメリカ北部は寒冷な地域で、綿花の栽培には向いていなかった。よって北部にはそもそも黒人奴隷を必要とする産業が存在しておらず、北部人たちは「世界の潮流」として奴隷制廃止を訴えたが、南部人にそれは受け入れがたい話だった。そこに経済的な利権や、そもそも合衆国政府と各州はどういう関係であるのかといった複雑な議論がからんでいき、南北は決裂。１８６１年に、内戦の火ぶたが切られる。

故郷がアメリカ合衆国から離脱

話をピエール・ボーリガードに戻そう。彼が幼少時代、アメリカ人でありながらまるで英語に触れない生活を送っていたことからも分かるように、ピエール少年の両親はフランス系としての自分たちに誇りを持っており、息子が極力、アメリカかぶれにならないよう気をつかっていた。12歳になってピエールがニューヨークの学校へ国内留学したのも、そこにナポレオン軍の兵士をしていたフランス移民が設立した学校があったからだった。

しかし、すでにアメリカ最大の商業都市に発展していたニューヨークで学ぶうちに、ピエール少年は極力アメリカ人たらんと欲するようになり、英語を一生懸命に覚え、遂にはピエールという自分のファーストネームを、名乗らなくなる。実際彼は青年期以降、公文書などにも「G・T・ボーリガード」としか署名していない。かくして「ピエール少年」が世から消えた後、このルイジアナ出身の若者は、アメリカ人としてウェストポイント陸軍士官学校の門を叩くのである。

士官学校におけるボーリガードは優秀な学生で、1838年に次席で卒業した。1846年から48年にかけて行われたアメリカとメキシコの戦争、米墨《べいぼく》戦争（アメリカが勝利し、現在のカリフォルニア州をはじめとする広大な新領土を獲得）には下級将校として出征し、活躍している。その後も軍人としてのキャリアはおおむね順調で、南北戦争勃発直前の1861年1月には、母校であるウェストポイント陸軍士官学校の校長に抜擢された。しかし、その直後に彼の人生を大きく揺るがす事件が起こる。1月26日、故郷のルイジアナ州が、アメリカ合衆国から「離脱」すると宣言したのである。

奴隷制をめぐる南北の激しい対立を結果として修復不能にしてしまったのは、1860年11月6日に行われた大統領選挙だった。この選挙で、奴隷制への反対を党是に掲げて急成長していた当時の新興政党・共和党（1854年結成）が、エイブラハム・リンカーンという候補者を当選させる。

リンカーンは共和党の中では穏健派に属し、奴隷制に対しすぐに手を加えるようなことはしないと公言していたが、南部人はそれを額面通りには受け取らなかった。前述したように、共和党は結党以来、奴隷制反対を党是として活動してきた、北部発祥の政党である。そして1860年の大統領選挙で、党として初めて勝利を手中にした。リンカーンが表向き何を言おうが、共和党は奴隷制を廃止し、自分たちの経済的・文化的な生活基盤を破壊しにかかるだろうというのが、南部人たちの見解だった。リンカーンにそうさせないためには、南部諸州はアメリカ合衆国から脱退、すなわち分離独立して新国家をつくるしかない。それが南部人たちの結論で、１８６０年末から南部諸州の合衆国離脱宣言が相次いでいた。

ボーリガードはフランス人よりもアメリカ人たろうとした男ではあったが、故郷ルイジアナのことは愛していた。ボーリガードはウェストポイント陸軍士官学校の校長職をわずか5日で放り投げ、ルイジアナに戻って郷土防衛隊の編成にとりかかった。しかし、その動きを制止した人物がいた。合衆国から「離脱」した南部諸州をまとめる「南部連合国」の大統領となった、ジェファーソン・デービスという男だった。デービスは南部ミシシッピ州選出の合衆国上院議員で、学歴はウェストポイント陸軍士官学校卒。フランクリン・ピアース政権の陸軍長官も務めたことがある軍事通で、内乱の勃発を見越して、南部の指導者として擁立された人物だった。このデービスはボーリガードに対し、ルイジアナを離れて、サウスカロライナ州の防衛部隊を率いるよう命令した。ボーリガードにしてみれば、縁もゆかりもない場所への左遷であり、デービスに対する印象は極めて悪いものとなった。

開戦の緒戦を勝利で飾る

しかし、そのサウスカロライナ州でボーリガードはアメリカの歴史を大きく動かすことに

南部連合旗を掲げるサムター要塞（1861年）

なる。同州チャールストン沖の人工島に造られた、サムター要塞という軍事施設があった。１８６０年末にサウスカロライナ州が合衆国からの離脱を宣言した後、同州内にいた合衆国軍（北軍）の一部将兵たちは、緊急避難的にこの要塞に逃げ込んでいた。サウスカロライナ州政府は、このサムター要塞は南部連合（南軍）として接収すべきものと考え、そこにこもる北軍将兵へ退避勧告を出し、南北両軍のにらみ合いが続いていた。そして１８６１年4月12日、ボーリガードは南軍側の責任者として、サムター要塞への攻撃を決行。3日にわたる砲撃戦の結果、北軍はそれ以上の抵抗を断念してサムター要塞を明け渡した。これを南北戦争最初の戦い、サムター要塞の戦いと呼び、4月12日は南北戦争の開戦記念日となった。

翌5月、南部連合の首都となったバージニア州リッチモンドを訪れたボーリガードは、市民たちから凱旋《がいせん》将軍のように迎えられた。なにしろ南北戦争最初の戦いで、北軍に土をつけた指揮官なのである。フランス系であるボーリガードには、自然発生的に「灰色を着たナポレオン」（灰色は南軍の軍服の色）というニックネームが付けられた。

7月に入って、北軍は合衆国首都ワシントンから3万5000の兵力を南下させ、一気に南部連合首都リッチモンドを攻略しようとの作戦を発動させる。合衆国陸軍から南軍に身を投じたボーリガードのような将校たちのなかで、軍人としてのキャリアが上だったジョセフ・ジョンストンという将軍がおり、南部連合はこのジョンストンとボーリガードに、北軍とほぼ同数の兵を預けて迎撃させた。ボーリガードは戦いにのぞむ前、兵士たちにこう高らかに宣言したという。

「彼ら（北軍）はワーテルローのような運命を迎えつつある！」

デービス大統領との確執

さて、南北両軍はバージニア州北東部のマナサスを流れるブルラン川の近くで7月21日に激突し、今度も南軍が勝利を収めた。ただし、この戦いを見てデービス南部連合大統領は、ボーリガードについて感じていた低評価を、確信に近いものに変えた。実はこの時期の南北両軍は、双方とも素人同然の兵士をかき集めて、何とか形にした急ごしらえの軍隊以外の何物でもなかった。ブルランの戦いでは、まともに訓練も受けていない両軍の兵士たちが、てんでばらばらに動き回って無秩序にぶつかり合っていたありさまで、勝敗はまさに紙一重。実際、勝ったはずの南軍は戦闘終了後に大変な混乱状態に陥っており、敗走する北軍を追撃することもできなかった。一方でボーリガードはこの戦いに際し、緻密《ちみつ》な作戦計画を立案し、兵士たちに高度な機動を求めることなどをしばしば行った。もちろん、それを実行できた南軍兵はほとんどおらず、デービスはこうしたところからボーリガードについて、豊富な軍事知識を持っているものの、実際の現場では役に立たない男と見なした。

ブルランの戦いの後、南部連合政府はジョンストンとボーリガードを正規の将軍の地位につけたが、ボーリガードをジョンストンの下位に置いた。ボーリガードは露骨に不平を鳴らし、デービスはそれに怒って、緒戦の殊勲者であるはずのボーリガードを、リッチモンド周辺から西部の辺境へ左遷してしまった。

しかし、この西部でボーリガードはまたしても重要な歴史の転換点に際会する。1862年4月、南部連合領のテネシー州西部に、北軍のユリシーズ・S・グラント将軍が部隊を率いて侵入して来たのを確認したボーリガードは、その地にいた南軍のアルバート・シドニー・ジョンストン将軍（ブルランで戦ったジョセフ・ジョンストン将軍とは別人）とともに4月

6日、グラントの部隊をシャイローという場所で襲撃する。これは見事な奇襲攻撃となり、グラントの部隊はさんざんに叩かれて、南軍が午後に攻撃をやめたことで、何とか壊滅を免れたような状況だった。

翌日、南軍がそのままの勢いで押していれば、グラントは完全な敗北を喫したはずだったのだが、ここに奇跡的な状況転換が訪れた。アルバート・ジョンストン将軍が流れ弾に当った傷が元で戦死し、おまけに4月7日までに、グラントのもとに北軍の援軍が到着したのだ。南軍の士気は低下し、一方のグラントは援軍を得た勢いに乗って攻勢に転じる。ボーリガード率いる南軍は、撤退を余儀なくされた。

この南軍敗退の報を聞いて、デービス南部連合大統領は激怒した。特に戦死したアルバート・ジョンストン将軍はデービスのお気に入りの軍人だったことから、デービスのボーリガードに対する評価は、このとき地に落ちたと言っていい。南軍周辺には、「ボーリガードが6日の夜間も北軍への攻撃を続けていれば勝てた」といった批判の声も上がったという。ただ、アルバート・ジョンストン将軍の戦死はほとんど事故のようなもので、かつレーダーも高機能な照明設備もないこの時代、夜戦は非常に難しい技術であって、日が暮れたら軍隊が行動を止めるのは、むしろ普通のことだった。そういう意味では、ボーリガードにはいわれなき批判が浴びせられる形となった。

シャイローの戦いの後、ボーリガードは再びサウスカロライナ方面の沿岸警備という地味な仕事を振られ、そこで長い時間を過ごした。ただ、短期間とはいえ西部辺境の戦場の現実を見てきたボーリガードは、そこの動静が南部地方の物流の大動脈であるミシシッピ川の制河権確保に直結する重要な問題であることを見抜いており、南軍はむしろ首都リッチモンド防衛を放棄してでも、西部に多くのリソースを割かねばならないのではないかといった作戦構想書を、リッチモンドに送り続ける。ただ、それはデービス大統領によって一貫して無視された。

果たして1864年に入るころになると、かつてシャイローでボーリガードと対峙した北軍のグラント将軍は、ボーリガードが見抜いた通り、ミシシッピ川流域を完全に制圧して南部連合の物流網を寸断、その経済を壊滅に近い状況まで追い込む。グラントはその功を北部大統領リンカーンに認められて北軍総司令官となり、1864年5月から、全戦線にわたる南軍への一斉攻勢、オーバーランド作戦を発動させる。もはや日々の補給にも事欠くようになった南軍部隊が各地で北軍に蹂躙《じゅうりん》されるなか、急ぎリッチモンド周辺に呼び戻され、その首都南東のバミューダ・ハンドレッド方面の防衛を任されたボーリガードは、3万300

0の北軍に対して1万8000程度の兵を率い、巧みな擬装や威力偵察を交えながら敵を翻弄。見事にその方面の北軍の攻勢を撃退した。

ボーリガードがバミューダ・ハンドレッド方面で守り通したリッチモンド真南の町、ピータースバーグは、その後まさに南軍最後の防衛線となって、1865年4月の終戦まで頑強な抵抗を続ける。しかし、ボーリガードとデービスの確執は緩和されなかった。オーバーランド作戦終了後、自身を主将とした北軍への大反攻作戦を提案したボーリガードにデービスは怒り、また彼を西部の辺境に左遷してしまうのである。以後、ボーリガードが華々しく軍隊を指揮する機会は二度と訪れなかった。

協調性を欠く南部連合の本質

後世から振り返って、ボーリガードが南軍のなかでも有能な軍事指揮官だったことは確かだと思われる。そんな彼が南部連合内で不遇をかこったことは、ただ人間関係上の不運のようにも見えるが、実はここに、南部連合はなぜ南北戦争に勝てなかったのかという、根本的な問題点が見え隠れする。

まずデービスやボーリガードをはじめとする南部連合の幹部層とは、基本的に南部諸州で奴隷農園を経営する、貴族的な上流階級だった。彼らはおおむね協調性に欠け、他者とじっくり話し合うといったことが苦手だった。実際デービスはボーリガード以外にも、数多くの閣僚や軍高官といさかいを起こしていた人物である。南軍内部でもささいなことから同僚と決闘沙汰を起こそうとした将軍が多数いた。

さらに、アメリカ合衆国とは周知のように連邦制国家で、構成各州は日本の都道府県とは比べ物にならない、高度な自治権を持っている。南部連合とは、いわばこの「高度な自治権」を逆手にとって合衆国から離脱した人々で、すなわちそのロジックとは、「合衆国政府が構成各州の保持する奴隷制のあり方に介入する権限はないはずで、それに反発してわれわれは離脱する」というものだった。すると勢い、新たにできた南部連合政府は南部の構成諸州に高圧的に何かを命令することができにくい構図が生まれてしまったのである。つまり戦時政府であるにもかかわらず、南部連合政府は何かを誰かに強制できるような権限をほとんど持っておらず、また構成各州としても、昨日今日できたような「北部と対抗するために便宜的にできた政府」に、忠誠を誓ういわれはなかった。

それこそアメリカは、「11の国」でできている国家である。まさにニューフランスに生まれ育ったボーリガードが象徴的な存在で、南部人と一口にいっても実にさまざまで、彼らはバージニアのため、サウスカロライナのため、ジョージアのために戦う気はあっても「南部」なるもののために戦っていたわけではない。しかし、便宜上でもそのまとめ役として大統領となっていたデービスは、自らに服さない高級将官らに業を煮やし、「軍事通」であるその自負から、各作戦の細かいところにまで介入したがり、また軋轢《あつれき》を深めていくという悪循環に、戦争が進むにつれ陥っていく。ボーリガードの不遇とはまさに、そういう南部連合が負けるべくして負けた構造の、ひとつの表徴だったのである。

ボーリガードは戦後、生まれ故郷であるルイジアナ州ニューオリンズで、鉄道会社の社長や宝くじ事業の支配人などをしながら過ごした。また、彼はしばしば南北戦争に関する回顧録のような本を書いたが、その中では常にデービスを手ひどく批判した（デービスの側はそれに色をなして反論するのが常だった）。

そんな生活を送りながら、ボーリガードは1893年、心臓病のため74歳で逝った。

ジョージ・B・マクレラン

野心を隠さぬ「若きナポレオン」

George Brinton McCLELLAN
1826-1885

非エリート大統領への反発

アメリカ合衆国とは、かつてイギリスの植民地だった北米大陸に暮らしていた人々が、その王権と戦って打ち立てた国家である。よって今でもアメリカ国民は、自分たちの「自由と民主主義の国」としての精神を誇る。

しかし、だからといってアメリカは、「庶民の国」として打ち立てられたわけでもない。いわゆる「合衆国建国の父」たちは大半が社会の上流階級で、例えばジョージ・ワシントンやトマス・ジェファーソンらは富裕な農園経営者だったし（奴隷所有者でもあった）、ベンジャミン・フランクリンは高名な学者で、また新聞社や印刷会社の経営者という人物だった。建国以降の歴代大統領もおおむね、資産家だったり何かの分野の名士だったりした人々で、特に3代大統領のジェファーソンから5代大統領のジェームズ・モンローの3代24年間は、南部バージニア州の富裕な奴隷農園主たちが大統領職を独占した期間で、世に「バージニア王朝」などと皮肉られてもいた。

さて、そんな流れのなかで南北戦争勃発前夜の1860年、アメリカ大統領選挙に勝利した第16代大統領、エイブラハム・リンカーンは、かなり「変わった大統領」だった。彼は決して富裕層というわけではなかったし、それどころか全国的な知名度を有する人物でもなかった。彼は当時「辺境」と言ってもいい中西部・イリノイ州の弁護士で、過去に合衆国下院議員を1期務めたことはあったものの、中央政界ではほとんど何の知名度もない人間だった。

リンカーンは、「奴隷制反対」を主な主張として1854年に立ち上げられた新興政党・共和党の、中西部における顔役の一人ではあったが、首都ワシントン周辺には、大した地盤を持っていなかった。先述のとおり職業は弁護士だったが、もともと貧しい開拓農民の家に生まれた人物で、まともに学校に通った記録もなく、「上流階級出身」などとは、お世辞にも呼べなかった。そんな彼が大統領選挙を勝ち上がれたのは、内乱勃発を目の前にした不穏な社会情勢のなかで、ライバルの民主党が組織分裂してしまったこと、またリンカーンの所属した共和党にも動揺が走っていたことなどの結果、ダークホース的存在のリンカーンが、いわば「棚からぼた餅」の成果を得たような側面があったからである。

そんなリンカーンはワシントンのホワイトハウスにやってきて、当然のように名門出身の政治家や行政官たちなどから、バカにされた。共和党の重鎮で、本来党の本命大統領候補とされていたウィリアム・シワード国務長官は最初からリンカーンを見下して、政権は自分が取り仕切る気でいた。また後にリンカーン政権の陸軍長官となるエドウィン・スタントンも、「リンカーンは本物のゴリラだ」などと、リンカーンの要望をあげつらいながらこき下ろした。

ジョージ・ブリントン・マクレラン将軍は、南北戦争の初期における合衆国軍（北軍）の指揮官だった人物だが、軍における、そうした「反リンカーン派」の、いわば筆頭格的存在であった。

素人集団の北軍を鍛え上げる

マクレランは1826年、北部ペンシルバニア州フィラデルフィアに、裕福な医者の息子として生まれた。曽祖父のサミュエル・マクレランは独立戦争の将軍であり、母親はペンシルバニアでもかなり知られた名家の出で、つまり上流階級の出身だった。長じて彼はウェストポイント陸軍士官学校に進学し、そこでナポレオン戦術のゼミを担当していた軍事学者、デニス・マハン（海軍軍事学者、アルフレッド・マハンの父親）の熱心な生徒となる。

士官学校におけるマクレランは優秀な生徒で、1846年に上から2番の成績で卒業。卒業後すぐ、同年に勃発した米墨戦争に従軍した。彼はウィンフィールド・スコット将軍配下の部隊に所属。スコットはこの戦争で、側面攻撃などを行いながら敵兵力の分散を誘い、手薄になった箇所に一気に圧迫をかけて破るという、ナポレオン戦術の典型的な戦法の一つを駆使してメキシコ軍を散々に打ち破り、それを間近に見たマクレランはますますナポレオンの信奉者となっていった。

1857年、マクレランは軍を辞職し、複数の鉄道会社の経営に携わるようになった。当時のアメリカの常備軍は非常に小規模であり、ウェストポイントの卒業生たちも、自分のコネやキャリアで新しい道が開ければ、順次民間に羽ばたいていくのがむしろ普通であったから、これは決して軍で無能とされたわけではない。マクレランは工兵将校だったので、これはその才を買われ、当時アメリカの各地で巻き起こっていた鉄道建設ブームのなかに羽ばたいていったという話である。しかし当時も現在でも、鉄道建設とは非常に政治的な事業である。マクレランは多くの鉄道事業に関わるなかで、民主党の重鎮だった合衆国上院議員、スティーブン・ダグラスと密接な関係を築いていくことになる。ちなみにダグラスは中西部イリノイ州選出で、すなわちリンカーンと地元が同じということもあり、昔からこの2人の間には、いろいろな因縁があった。

1861年4月12日に南北戦争が勃発するや、マクレランは多くのほかの元軍人たちと同じように、軍に復帰して国家のための戦いに身を投じる。当時、オハイオ・ミシシッピ鉄道の経営者となっていたマクレランは、34歳の若さでオハイオ州方面の部隊を指揮する将軍に任じられた。

戦争の初期におけるマクレランの活躍で重要なのは、ウェスト・バージニアの確保だった。バージニア州は南部連合国の首都リッチモンドを擁し、後の南軍総司令官、ロバート・エドワード・リーの出身地でもある「南部の核」たる州だったが、その西部は土地のやせた自営農民中心の地域で、リッチモンド周辺とは文化も何もかもが違っていた。南北戦争勃発後、バージニア西部の民衆たちは「自分たちは北部につく」と、バージニア州からの離脱を求めて蜂起。この動きを支援すべく、マクレランはとなりの州であるオハイオからバージニアに侵入し、1861年夏ごろまでに、同州西部、後に現在のウェスト・バージニア州となる地域を制圧したのである。

まだ開戦直後のことで、南部に大した軍事組織は存在せず、またマクレランの部隊は行く先々でウェスト・バージニアの民衆から「解放者」として歓迎されたので、これは何か「大激戦の末に勝ち取った成果」というわけでもなかったのだが、マスコミはマクレランの功績を大々的に書きたて、彼は北軍内でちょっとした英雄として知られるようになる。

1861年7月21日、南北戦争最初の本格的会戦となった第1次ブルランの戦いが北軍の大敗北に終わり、北軍の大がかりな再編が叫ばれるようになると、マクレランは同年8月、北軍の主力・ポトマック軍の司令に、次いで合衆国陸軍総司令官に任命され、軍の再建をリンカーンから託される。

ここにおいて、マクレランは確かに手堅い働きを見せた。もともとアメリカの常備兵力は約2万と極めて少なく、また南北戦争勃発後、少なくない数の優秀な将校たちが故郷である南部に帰って南軍の構成員となり、北軍の実態はガタガタだった。万単位の志願兵がいたのは事実だが、彼らは何の軍事経験もない素人であり、これを鍛えて一人前の兵士にするには、相当の努力と時間を要することは容易に想像された。マクレランはこの難事業に粘り強く取り組み、素人の集団でしかなかった北軍を、着実にまともな軍組織へ変えていくのである。

ただマクレランの「粘り強さ」は、特に政治家サイドから見ると粘り強すぎた。ポトマック軍司令就任から半年以上、マクレランは散発的な小競り合い以上の作戦行動をまったく取らず、巨大な軍隊とともに駐屯地に引きこもっているという批判が、政治家たちの間から噴出したのである。彼らはマクレランに「一刻も早くリッチモンドへ進撃しろ」と矢の催促を送り、マスコミもこの論調に賛同。新聞各紙には「ポトマック戦線異状なし（All quiet along the Potomac）」などという見出しが揶揄として躍った（このコピーは後年、第1次世界大戦を描いたドイツ人小説家レマルクの作品が『西部戦線異状なし（All Quiet on the Western Front）』としてアメリカで映画化された際に転用される)。

もっともこの時期、マクレランは配下の「素人兵団」に訓練に次ぐ訓練を課し、何とか使える軍隊にしようと必死だったのであり、なまけていたわけでは決してない。しかしこの時のマクレランと、リンカーン大統領をはじめとする政治家たちとの意見の相違は、後々にまで響く決定的な断絶と、それに伴う悲劇を生み出していく。

政治家には憎まれ、部下からは愛される

マクレランは当時、軍内やメディア上で「若きナポレオン」と呼ばれていた。もともとナポレオン戦術の崇拝者だったのは事実なのだが、個人としてもナポレオンのファンだったようで、右手を腹部に当てた格好で写真に納まったり、「ナポレオンひげ(鼻の下と下唇の下に生やすひげ。当時のフランス皇帝ナポレオン3世のひげの形だが、その伯父ナポレオン・ボナパルトの崇拝者が生やすひげとして知られた)」を生やしたりして、外見までもナポレオンらしく飾ろうとし始めた。そして「軍事に無理解な政治家たち」との軋轢が深まる中で、彼はまさに皇帝ナポレオンよろしく、自分こそが戦争全体の、いや国家全体の大戦略を構想し、それに沿った戦争指導を行うべきなのだとするような、上に「軍総司令官」たる大統領をいただ

く、民主共和制国家の一軍人としてはあるまじき夢想を抱くに至るのである。

マクレランはリンカーンに対して「私に対していかなる一般的命令をも発すべき人物ではない」などと公言。実際、リンカーンがマクレランの宿舎を訪れれば面会を拒否し、配下の部隊から上がってきた報告文書を自分のところで止めて、陸軍省や大統領に上げないなどの行動を繰り返し、ただでさえあった政治家たちとの溝を、自分で広く、深くしていった。一般に「リンカーンとマクレランの間には軋轢があった」などとよく言われているのだが、政界の側に目を転じてみれば、マクレランを「序列がわかっていない無礼者」として即刻解任するよう声高に求めていたのはウィリアム・シワード国務長官やエドウィン・スタントン陸軍長官たちで、リンカーン自身は「ほかに人がいない」とマクレランをかばっていたくらいなのである。

しかしマクレランは、軍内の部下たちとは非常に友好的な関係を結んでいた人物で、一般兵士たちからの人気にも絶大なものがあった。彼はやや身長が低かったことをもって、軍内では「リトル・マック（ちびのマック）」というあだ名をつけられていたのだが、それはあくまで親しみからくるもので、マクレラン自身もそう呼ばれることを嫌がってはいなかった。

マクレランは自分が手塩にかけて育てた兵士たちを深く愛し、兵たちもまたマクレランを兄や父のごとく慕ったというのは、あらゆる資料に出てくる逸話である。しかし結果的に、この兵士たちとの強すぎる結束が、マクレランの軍人としての評価に致命的な傷をつけることとなる。

リッチモンド攻略作戦の無残な失敗

マクレランが南北戦争においてまず指揮した大きな戦闘は、1862年3月から7月にかけて行われたリッチモンド攻略作戦である「半島作戦」だった。

合衆国首都ワシントンと、南部連合国の首都となったバージニア州リッチモンドの間は、わずか150キロメートルしか離れていなかった。アメリカは、どこかに王様がいるわけでもない民主主義国家である。内乱勃発は、そもそも南北間に色濃くあった国民同士のフラストレーションという火薬に火をつけて爆発させ、南北双方で市民たちは「北を、南をやっつけろ！」と気勢を上げていた。ゆえに、開戦直後から南北双方の軍隊には、万単位の志願兵が殺到する事態も生まれた。しかし、そんな状況下で、たかだか150キロしか離れていない敵の首都に対していつまでも軍事行動を起こさないというのは、沸騰した民意が政権への批判に転化する可能性もあった。政治家たるリンカーンとしては、スピーディーな軍事作戦の開始は至上命令だった。

一方、軍事専門家のマクレランとしては、訓練の行き届いていない兵隊を戦場に出すわけにはいかなかった。おまけにリンカーンがマクレランに指示していたのは、北軍をただまっすぐリッチモンドに向けて南下させる力攻めで、マクレランとしては「この素人大統領は話にならない」と、ますますリンカーンに対する軽蔑の念を深めていくありさまだった。

しかし、大統領と軍人では結局パワーバランス上、大統領のほうに分がある。マクレランはリンカーンに抗しきれず、1862年の春、リッチモンド攻略作戦に向けて動き出す。ただ、マクレランはリンカーンが主張した「まっすぐ南下しての力攻め」はきっぱりと拒否した。彼の代案は、十数万人にまでふくらんだポトマック軍を数百隻もの艦船に分乗させて海路を進み、リッチモンド東方の海岸から上陸してその側面を衝くという、壮大な迂回作戦だった。リンカーンは、首都防衛のために一部の兵をワシントンに残していくことを条件に、この作戦を認可した。

しかし、3月17日にリッチモンド東方のバージニア半島に上陸したマクレラン率いる北軍・ポトマック軍は、のっけからつまずく。十数万におよんだマクレランの軍勢は、その半島に駐屯していた3万5000の南軍部隊が構築した擬装陣地にまんまと翻弄される。「南軍は大軍勢で強固な陣地を構築している」と思いこんだマクレランは、1カ月にわたってバージニア半島に釘付けになった。その間に南軍はリッチモンド周辺の防備を固めてしまい、マクレランの企図した「敵首都への迂回奇襲作戦」はこの段階で瓦解《がかい》してしまうのである。

5月末までにマクレランは何とかリッチモンド前面まで迫ったが、南軍がちょっとした力押しをしてくると、おびえて陣地に引きこもってしまうようなことを繰り返す。遂には6月、マクレランは「自分の対峙している南軍は20万人近い兵力を有しており、いまの自部隊では容易に対応できない」との結論に達し、7月に入って撤退を始める。しかし、実際の南軍は10万人にも満たなかった。

かつ、撤退行のなかでマクレランは、陸軍省に対して電文を打った。それは、この作戦が失敗したのは、そもそもリンカーンが一部の兵力を首都防衛のためにワシントンへ残留させたところに原因の一端があるとした上で、以下のようなことを述べるものだった。

「もしこのたび自分にこの軍隊を救出できたとしても、あなた（スタントン陸軍長官）にも、またワシントンにいる他の誰にもなんの恩義もないことをここではっきりと申し上げておきます。あなたはこの軍隊を犠牲にされたという点で、最大に貢献しておられます」

つまりはリンカーン政権に対する露骨な責任転嫁、誹謗《ひぼう》であった。ワシントンの政治家たちはこのマクレランの態度にあきれ、マクレランを軍指揮官の職から解任する。

打倒リンカーンのために大統領選出馬

マクレランは名将だったのか、愚将だったのかということに関しては、アメリカの歴史家たちの間でも、さまざまな議論がある。組織オルガナイザーとしての腕が一流だったのは間違いないことで、南北戦争の初期に北軍の基礎固めをきちんと行ったのは、間違いなく彼である。また、いざマクレランの率いる部隊が戦場で敵と激突すると、彼の指揮はそれなりに的確で、たとえば壊滅的被害を出して敗走するなどの経験はない（大勝もしたことがなかったが）。ただし、マクレランは自部隊に対する損耗《そんもう》に極度に敏感であり、南軍にちょっとした力攻めに出られただけで、臆病にも見える態度でそれ以上の攻勢を止めてしまう傾向があった。敵軍についての情報収集にも熱心ではあったが、とにかく敵兵力の実勢を過大に評価して、実在しない「強大な南軍の影」に常におびえるような指揮をとり続けた。

すでに述べたように、彼が自ら手塩にかけて育てた部隊を非常に愛し、兵士たちもマクレランを慕っていたのは事実だった。そのため、マクレランは「愛する部下たち」の損耗を恐れ、積極策に出ることができなかったのではないかとする歴史家の指摘は、多々ある。とにかく、最終的にはワシントンの政治家たちから「ぐずぐず病患者」などと称されるような態度の人間だったことだけは事実である。

マクレランはその後の1862年9月、メリーランド州に侵入してきた南軍部隊を迎撃するための戦いに指揮官として再登用されることはあったが（アンティータムの戦い）、その時の指揮ぶりもリンカーンを満足させるものではなく、再び指揮官の任を解かれ、以後南北戦争の終結まで、二度と戦場に立つことはなかった。

ただ書いておかねばならないこととして、戦争中の1864年に行われた合衆国大統領選挙で、何とマクレランは民主党に担がれて、共和党のリンカーンを倒すために立候補する。この行動に驚く市民も多かったなか、マクレランは南部連合国との停戦などを公約に掲げて選挙を戦ったがリンカーンに敗れ、その後すぐヨーロッパへ逃げるように渡航。終戦から3年も過ぎた1865年まで帰ってこなかった。

「マクレランは本物の将軍ではない。彼は魅力的ではあるが虚栄心が強く、情緒不安定な人間で、軍事的知識があって馬に乗るのがうまく、そして大統領になりたがっているだけの人間である」という歴史家ケネス・ウィリアムズの言は、ある意味でマクレランの生涯を最も的確に表している。

軍人としてのマクレランをどう評価するかについては、いろいろな声があると前述したが、「南北戦争の歴史」全体のなかで判断すれば、マクレランは間違いなく問題児といっていいような人物ではあった。しかし、それが瓢簞《ひょうたん》から駒のようなかたちで、北部合衆国にいい影響を与えた面もあった。それは、リンカーンについてバカにする態度も目立った北部政権の閣僚たちが、「反マクレラン」ということでリンカーンのもとに結束し始めたことである。またリンカーンも、自身に軍事的な知識が乏しいことを率直に認め、数々の軍事理論書に目を通し、また当時の最新技術であった電信で最前線からもたらされる生の軍事情報に常に接するなどして、自分なりの大局観というものを養う努力を始めた。

ある意味そういうことまで含めて、この「問題児」は、北軍の基礎というものをまさに固めた人物ではあったのである。

マクレランは戦後、鉄道会社の社長やニュージャージー州知事などを務め、1885年、心臓発作のため58歳で死去した。

第2章

南部連合の栄光

南軍　トマス・J・ジャクソン

Thomas Jonathan Jackson

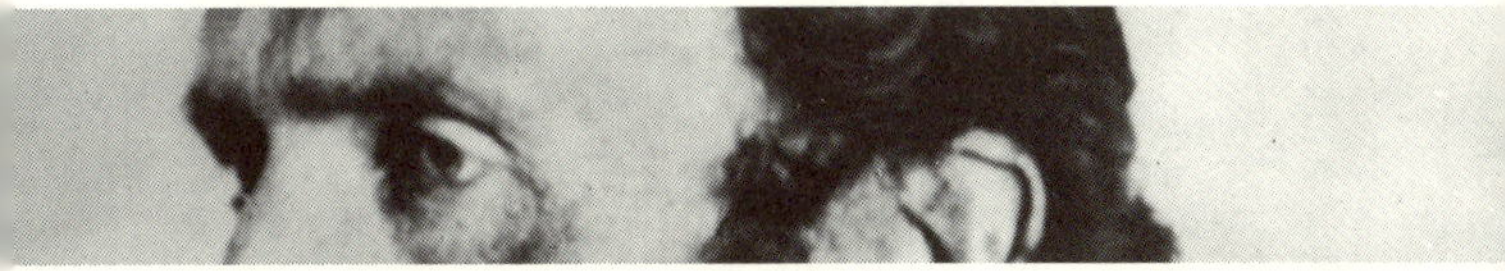

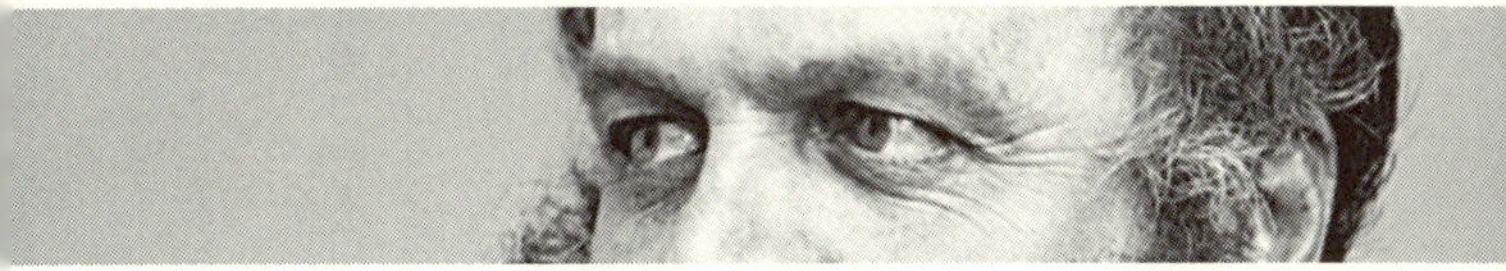

Ambrose Everett Burnside

アンブローズ・E・バーンサイド　北軍

南北戦争の前半期、基本的に南軍は北軍よりも強かった。多くの戦場で、南軍は北軍を圧倒していたのである。

そもそも北部合衆国は23州で構成されていたのに対し、南部連合国は11州。経済力や人口の規模において、有利だったのは北部である。また、当時の南部とは奴隷プランテーション農園に依存した、ほとんどモノカルチャー経済圏と言っていい地域で、工業力などないに等しかった。普通に考えて、北部に戦争で勝てるはずがない。

しかし、そんな南部を支えていたものが、人材の力だった。

南部は工業化が遅れた農村社会だったからこそ、言ってみれば昔ながらの騎士道精神とでも表現すべき、尚武の精神を尊ぶ気風に富んでいた。また、当時の北部では都市化が進み、市民のなかには現代のサラリーマンと変わらないような生活をしていた人々も多かった。一方、南部は「遅れた農村社会」であったがゆえに、人々はその生活のなかで、ごく自然に射撃や乗馬に親しんでいた。つまり、軍人として高い適性を持つ人々の割合が、南部では高かったのである。

また、南北戦争とは、アメリカ合衆国の枠組みから分離独立しようとする南部諸州という存在がまずあって、その「独立」を認めない北部が、南部に侵攻する形で基本的に推移した。つまり、南部の人々にとって南北戦争とは、「自分たちの故郷を侵略してくる敵を追い返すための戦い」のように感じられるものだった。奴隷制度の是非とはまた別に、「これはわれわれの郷土防衛戦争なのだ」という形で、南部人たちの士気が非常に高揚していた事実があったのである。

このような状況のなかで、例えば南軍のストーンウォール・ジャクソン将軍などは、まさに戦争初期の南軍の快進撃を支えた存在だった。とにかく積極果敢で、時に無茶とも言えるようなジャクソンの強攻策は、かえって南部人の勇猛心に火をつけた。また、ジャクソンが持っていた保守的で、ゆえに篤いキリスト教への信仰心も、「祖国防衛戦争」を戦う南軍兵士の少なからずに、好感を持たれるものだった。こうして、戦争2年目の1862年の流れなどを見ても、南軍はリッチモンド7日間の戦い（6月25日～7月1日）、第2次ブルランの戦い（8月28～30日）、フレデリックスバーグの戦い（12月11～15日）と、まさに連戦連勝の勢いで、北軍を圧倒し続けた。

そして北軍は、経済力や兵力で南軍に勝っていながら、なかなか戦争の主導権を握れないでいた。最大の原因は、国家指導者であるリンカーン大統領と軍上層部の意思疎通が、この段階に至ってもあまりうまくいっていないことだった。リンカーンは軍指揮官の首を次々とすげ替えながら、自分の戦略構想を戦場でうまく実現してくれる優秀な指揮官がどこかにいないものかと、模索を続けていた。

南軍

トマス・J・ジャクソン

旧約聖書のように戦い、新約聖書のように生きた「石の壁《ストーンウォール》」

Thomas Jonathan JACKSON
1824-1863

アメリカは「神の国」

アメリカは、「神の国」である。少なくとも、そう信じているアメリカ人は数多い。

そもそもが、アメリカ合衆国とは北米大陸に大英帝国がつくっていた植民地が独立して、１７７６年にできあがった国家だ。その北米大陸の英植民地をまずつくった人々に、ピルグリム・ファーザーズという集団がいた。イギリスの国教・イギリス国教会の教義に相いれない思いを抱く、清教徒（ピューリタン）と呼ばれる熱心なキリスト教徒たちの一群で、また彼らは17世紀のイギリスでは弾圧の対象だった。ゆえに、清教徒たちはその信仰上の理由からイギリスを離れ、新天地アメリカを目指した。彼らが１６２０年に、現在のマサチューセッツ州に設立したのが、北米大陸における英植民地の先駆け、プリマス植民地だった。

もちろん、このピルグリム・ファーザーズ以外にも北米大陸を目指したイギリス人植民団はたくさんいたし、その全員が宗教的な理由でイギリスを離れたわけでもない。しかし、この「神への信仰心を貫くために大西洋を渡り、新天地アメリカに根を下ろした清教徒たち」の存在は、次第にアメリカ建国史のなかで神話化されるようになり、こうしたことをもって、「アメリカは神の国である」と考える人々が増えていく。

１７７６年にアメリカ合衆国が打ち立てられたとき、それは北米大陸の東海岸にある、13

個の州の連合体だった。しかし、アメリカ人たちは徐々に西の方角、太平洋岸に向かって開拓を進め、やがて現在の50州で構成されるアメリカができ上がる。もちろん、それは単に美談として語られるような歴史ではない。「アメリカの開拓」とは、すなわち先住民族たるインディアンへの侵略戦争という側面を持つものだったし、その開拓を行うための労働力として、黒人奴隷も投入された。そして、「アメリカは神の国である」という考え方は、そうしたアメリカ史の汚点を覆い隠すためにも使われた。

すなわち、「アメリカは神の国であり、アメリカ人たちの行動は神によって支持されている。よって、アメリカをより強く、大きくしていくための事業（開拓）は、神から与えられた使命である」というような考え方が、アメリカ人のなかには生まれていく。これを「マニフェスト・ディスティニー（明白なる天命）」といって、この名の下に、開拓の陰にあったさまざまな暗黒面は覆い隠された。それればかりでなく、20世紀以降になって行われた、アメリカによる対外侵略的な軍事行動も、そうした考え方のもとに正当化されてきた。

ただし、そのような汚点がある一方で、アメリカ人たちが現代においても、かなり信仰心の強い国民性を持っていることも事実である。その信仰心は、アメリカ史の大きな事件であった南北戦争にも、当然影響を与えている。

たとえば、アメリカ史のなかにおいて、しばしば起こってきた「大覚醒運動」というものがある。もともとアメリカ人たちは信心深いわけであるが、定期的にそのアメリカの社会で、爆発的な信仰ブームのようなことが起こる現象があり、それを「大覚醒運動」と呼ぶ。ちょうど南北戦争前夜の19世紀前半は、アメリカでその大覚醒運動が起こっていた時期だった。「神の名のもとに清く正しく生きたい」と願う人々が、その信仰のなかから女性参政権運動、禁酒運動、そして奴隷解放運動といった、その後のアメリカ政治を大きく動かすことになるムーブメントを生み出していった。南北戦争の原因の第一は、当時の南部にあった黒人奴隷制度の是非だが、その奴隷解放運動の中心にいた人々は、この大覚醒運動の結果に強い信仰心を得たクリスチャンが多かった。

ただ、大覚醒運動そのものは決して政治運動ではない。そうした政治的潮流とは特に無縁に、ただ自身の信仰心を深めていった人々も、アメリカには多数いた。南北戦争における伝説的な南軍の指揮官とされる、トマス・ジョナサン・ジャクソン将軍、通称「ストーンウォール・ジャクソン」は、まさにそうした典型的な信仰者の一人だった。

「軍人が半分、牧師が半分」

ジャクソンは1824年、南部バージニア州に生まれた。父親のジョナサン・ジャクソンは弁護士だったが、ジャクソンが2歳のときに病死。母親のジュリアは、同じく弁護士のブレイク・ウッドソンという人物と再婚するのだが、このウッドソンは妻の連れ子を愛さなかった。幼いジャクソンは、親戚の間を転々とする羽目になり、最終的に叔父のカミンズ・ジャクソンに養育されることとなったが、しかし、このカミンズとて特に金持ちというわけでもなく、ジャクソンは貧しく苦しい青少年時代を送ることになる。

このように、かなり窮乏した生活を送っていた若き日のジャクソンなのだが、向学心だけは人一倍だった。ジャクソンはほとんど正規の教育を受けていないが、ひたすら独学を積み重ね、1842年にウェストポイント陸軍士官学校に入学している。青少年時代のジャクソンは、その可処分時間のほとんどを、生きていくための労働と勉強（独学）に費やしていたから、友達らしい友達はほとんどおらず、また寡黙で無表情な人物に育った。それは士官学校入学後もほぼ変わらず、ジャクソンは誰とも友達付き合いをしない、とにかく不愛想な、ある種の変人として知られていたようだ。

そのようなジャクソンの心を支えていたのは、一にも二にも信仰だった。

1846年に士官学校を卒業したジャクソンは、同年に勃発したアメリカとメキシコとの戦争、米墨戦争（～48年）に従軍し、帰国して後の51年から、故郷バージニアの州立軍学校であった、バージニア軍学校の教師になった。しかし、その教壇に立ったジャクソンは、「まるで軍人が半分、牧師が半分といった感じの人柄の、厳格でつまらない人物」というふうに生徒たちの目に映ったと、語り伝えられている。

バージニア軍学校におけるジャクソンは――評判の悪い教師の典型的なスタイルのように感じられるが――自分なりの講義計画に基づいてつくった授業用ノートの内容を、ただ丸暗記して教壇で語るだけといった教師だったらしい。あるとき、生徒から「ジャクソン先生の話した内容がよく理解できないので、もっと詳しく教えてほしい」と言われた彼は、さっき言った内容をそのまま、ただゆっくりとしたスピードで繰り返し述べた、なるエピソードまで伝わっている。それでいて、まるで牧師のように生活規律だけにはやかましく、さらに――当時の大覚醒運動に影響されたクリスチャンにはよくあった行動なのだが――ジャクソンはしばしば、自分の脳内に語りかけてくる神の声と大真面目に会話するなどといった姿を見せていたので、多くの生徒からは嫌われて馬鹿にされ、「トム・馬鹿《フール》・ジャクソン」などといったあだ名を付けられていた。

これが南北戦争勃発前夜における、ジャクソンという人物の姿だった。別に名の知られた軍人ではなかったし、社会の名士でもなかった。しかし、この戦争が、ジャクソンという人間を歴史の大人物に変えてしまうのである。

石の壁のごとき将軍

1861年4月、ジャクソンの故郷であるバージニア州は、アメリカ合衆国の枠組みから脱退し、新たにできた南部連合国に加わる決断をする。ジャクソンは特に何の疑問を抱くこともなく、この州の判断に従った。

前述したように、南北戦争の時代に南部の黒人奴隷制度を強く批判した運動家には、大覚醒運動に影響を受けた、熱心なクリスチャンが多かった。黒人奴隷制度は人道にもとるものであり、神がそのような制度を許すはずがないといったことが、彼らの主張だった。しかし、ジャクソンは熱心なクリスチャンではあったが、奴隷制度を否定的に見ようとはしなかった。ジャクソンをはじめとする信仰心の篤い南部人に言わせれば、アメリカとは「神の国」であり、奴隷制度とは、そのアメリカ南部に神が設計して与えた、この上ない恩寵《おんちょう》だというのである。ゆえに、当時のアメリカ南部は、綿花プランテーションによって、非常に豊かな収益を上げているのであると、彼らは考えていた。これは当時の南部ではそれなりに一般的な考え方で、聖書にある記述を都合よく解釈して、「神は奴隷制度を容認している」と叫ぶ南部人も少なくなかった。おそらくジャクソンも、そういう声に影響される形でアメリカ合衆国陸軍を辞し、南軍に身を投じた。

南北戦争におけるジャクソンの初陣は、1861年7月21日に行われた、第1次ブルランの戦いだった。北部合衆国首都ワシントンと、南部連合国首都リッチモンド（バージニア州）、そのお互いの距離わずか150キロメートルほどの間にある場所で、急ぎ「反乱軍」たる南部の首都を制圧せんと南下してきた北軍を、南軍が迎え撃ったという戦いだった。ジャクソンは南軍大佐の階級を与えられ、1個旅団を率いて参加していた。

この戦いは序盤、北軍優位で、南軍は徐々に押されて隊列が崩れ始めた。しかし、ジャクソンの部隊は頑強に抵抗し、一歩も退かない姿勢を見せていた。その様子を見て、南軍のバーナード・ビー将軍が言った。

「見ろ、ジャクソンはまるで石の壁のように立っているではないか！」

南軍兵たちはこのビーの声に奮い立ち、そのあたりから南軍は立て直されて、第1次ブルランの戦いは南軍の勝利に終わった——と、少なくともそのように語り継がれている。

肝心のビーはこの戦いのなかで命を落としているため、結局真実がわからないのだが、一部の歴史家はこのときのビーの言葉に関し、友達のいない変人として知られるジャクソンが、戦局不利のなか後退する友軍を助けることもなく、つまりはボーっと突っ立っていることについて、侮蔑《ぶべつ》と怒りの声を上げたのが真相だったのではないかとも言っている。ともかく、南北戦争の最初の本格的会戦だった第1次ブルランの戦いで南軍は勝利し、そのなかで象徴的な奮闘を見せたジャクソンは、「ストーンウォール・ジャクソン」というあだ名を付けられて南部で持ち上げられ、将軍に出世して、以後も目覚ましい働きを見せていくことになる。

ジャクソンは後に人から、「なぜあなたは戦場で、そのように物怖じせず、堂々とした態度を貫けるのか」と聞かれ、「聖書を学べば、戦場でもベッドのなかにいるかのように安らげる」と答えている。つまり、自分の戦闘精神は信仰によって支えられているというのである。このような「軍人が半分、牧師が半分」といったジャクソンの態度は、若い知識階級であるバージニア軍学校の生徒たちからは馬鹿にされたが、大覚醒運動に影響を受けた当時の一般市民、すなわちその層から志願してきた南軍の一般兵士のなかには、むしろ大変な尊敬を覚えてしまうような一群も存在した。ジャクソンの部隊は南北戦争のなかで、一種の宗教的共同体のような結束でまとめられていき、そこから無上の強さを発揮していくことになるのである。

神がかった戦闘指揮

第1次ブルランの戦いの後におけるジャクソンの行動としてまず特筆すべきものに、１８６２年3月から始まった、北軍の半島作戦への対応がある。

このころ、第1次ブルランの戦いの雪辱を期す北軍は、その主力ポトマック軍の十数万人にもおよぶ将兵を船に乗せ、南部連合国首都リッチモンドを、海路で東方から迂回奇襲するという作戦を立てていた。これが半島作戦で、ポトマック軍司令のジョージ・マクレラン将軍に言わせれば、まさに「南軍を一撃で撃破する」ための壮大な計画だった。

マクレランはこの作戦を抜かりなく成功させるため、海路での本作戦のほか、バージニア州の北方に5万の北軍を向かわせ、そこにいる南軍部隊へ圧力をかけていた。その方面から北軍が攻めてくる可能性をうかがわせ、本作戦への警戒度を下げさせる目的である。しかし、まさにそのバージニア州北方、シェナンドー・バレーに展開していた南軍こそが、ジャクソンの率いていた部隊だったのだ。

当時、ジャクソンが率いていた兵士の数は約1万６０００人。対してシェナンドー・バレー方面に迫っていた北軍は5万人ほどもいた。しかし、1862年3月から6月まで続いた「バレー作戦」と呼ばれる、ジャクソンと北軍との一連の戦闘で、彼の率いる南軍は終始戦いの主導権を握り続ける。

まずジャクソンにとって、シェナンドー・バレーは青少年時代を過ごした場所で、土地勘があった。彼は部下たちに、複雑かつ効果的な迂回、奇襲作戦のようなことを断続的に行わせ、またジャクソンに心酔する部下たちは、その期待によく応えた。迂回や奇襲作戦にとって最も重要なのは機動性だが、ジャクソンの部隊はこのバレー作戦中、連日20キロ近い移動を繰り返しており、極端な場合では、歩兵部隊が1時間に10キロ近く移動していたこともあったという（「ジャクソンの歩く騎兵」などと呼ばれた）。

ジャクソンは決して兵士たちにとって優しい上官ではなく、要求は過酷だった。彼の幕僚が後年回顧したところによると、ジャクソンは「疲弊した兵士を愛国心がない人間だと決めつける」ようなところがあり、無茶な作戦計画を立案しては、「部下に平気で死を要求した」指揮官だったという。しかし、多くの部下はそんなジャクソンの下でむしろ奮い立った。なぜか。ジャクソンの指揮のなかに、彼らは「神の意思」を見ていたからである。

南北戦争において、北部は南部よりも、圧倒的な人口や経済力を有していた。南軍は常に人員や物資の欠乏に悩まされており、対して北軍は物量で押した。しかし、ジャクソンはその不利な状況をむしろ、「われわれは巨人ゴリアテに立ち向かった、ダビデのような存在なのである」と、聖書の記述に当てはめて兵士らを鼓舞した。ジャクソンにとって、故郷のバージニアおよび南部連合とは、紛うことなき「神の国」であり、南軍とはそれを破壊しようとする邪悪な北軍に立ち向かう「十字軍」なのだと、日々語っていた。そして、当時の兵士たちは、そういうジャクソンの言葉に素直に感動したのである。

バレー作戦において、シェナンドー・バレー方面に展開した約5万の北軍は、最終的に3分の1ほどしかいないジャクソンの部隊の、神出鬼没な襲撃に耐えられなくなり、撤退してしまう。こうなると本作戦である半島作戦への牽制《けんせい》どころではなく、実際に半島作戦は1862年6月末に挫折する。

ジャクソンの勇名は、ますますあがった。南北戦争の前半期、北軍は南軍に勝る物量を誇りながら、特に南部首都リッチモンドの攻略作戦（これを「東部戦線」と呼ぶ）では連戦連敗の状況だった。その南軍の勝利の背景には大抵ジャクソンがいて、北軍の兵士たちは、もはや自分たちのいる戦場に、「ストーンウォール・ジャクソン」の率いる部隊が来ていると聞いただけで、震えあがった。

しかし、そんな神の使徒のような男にも、最期のときが来た。

追撃にはやった末の不慮の死

1863年4月から始まった、北軍のリッチモンド攻略作戦は、ジョセフ・フッカー将軍に率いられた約13万の軍勢が陸路、ワシントン方面から南下した大作戦だった。この当時、南軍のリッチモンド防衛部隊、北バージニア軍には6万程度の兵士しかおらず、まさに南部は絶体絶命の窮地に追い込まれようとしていた。

しかし、このときジャクソンは、上司である北バージニア軍司令、ロバート・エドワード・リー将軍から軍の運用に関する権限を大幅に任され、手持ちの2万5000人ほどの部隊を率いて北軍迎撃に向かった。ジャクソンは、再び地の利を熟知した側面迂回奇襲で北軍をかき乱す。

1863年5月2日の夕方、バージニア州のチャンセラーズビルという森林地帯で、夕食の準備とともに休息に入ろうとしていた北軍部隊をジャクソンは奇襲。これによって北軍は大混乱に陥って総崩れとなり、そのまま北部への撤退を余儀なくされるのである（チャンセラーズビルの戦い）。まさにジャクソンだからこそなしえた、奇跡と言っていいような用兵だ

チャンセラーズビルの戦い（1863年）による南軍兵の死体

った。

しかし、同じ日の夜、日が沈んでもなお北軍への追撃を指令し、それに消極的な部下たちを激励するために最前線に立っていたジャクソンは、闇の中で味方に誤射されて重傷を負う。軍医による必死の治療もむなしく、ジャクソンは５月10日、39年の生涯を閉じた。

ジャクソンの死後、南軍はかつてほどの連戦連勝といった戦績を挙げられなくなっていく。それにともなって、ジャクソンに関しては明らかな神格化が行われるようになり、「ジャクソンこそ南軍最良の将であり、彼がチャンセラーズビルで死ぬことがなければ、南軍は南北戦争で勝てていたのではないか」といった意見が、すでに南北戦争終結直後のころから言われていたらしい。

しかし、後に北軍の総司令官になるユリシーズ・S・グラント将軍は、「ジャクソン将軍の用いた強襲戦法は、練度の低い、戦争初期の北軍相手だったからこそ通用した」と語っており、もし彼が生きていても、戦争後半は苦しかったのではないかとの見解を示している。また、ジャクソンはすでに述べたように、積極果敢な指揮官ではあったが、兵の損耗に無頓着な側面があり、確かにより兵員や物資の欠乏に南軍が苦しんでいく戦争後半に生きていても、その持ち味は生かせなかったかもしれない。

さらに、ジャクソンの宗教的な態度は、確かに好かれる人間には好かれたが、嫌われる人間には徹底して嫌われた。南軍のなかには、ジャクソンについて正気ではないと思っている人間すらおり、実際にジャクソンとその部下、マックスシー・グレッグ将軍との深刻な不和は非常に有名だった。さらには、ジャクソンは自部隊の人事に関して、軍人としての能力よりも、信仰心を基準に行っていた傾向もあったといい、これも南軍内で問題視されていたらしい。

歴史にifはなく、果たして本当に「ジャクソンがチャンセラーズビルで死ぬことがなければ、南軍は南北戦争で勝てていた」かどうかはわからない。ただ一つの事実は、ジャクソンの死後、勝ちを続けていた南軍は次第に、勢いを失っていくということである。

北軍

アンブローズ・E・バーンサイド

愚直な組織人として生きた悲劇

Ambros Everett BURNSIDE
1824-1881

なぜアメリカ史上最も死者の多い戦争だったのか

南北戦争は1861年4月から65年4月まで、丸4年にわたって行われたアメリカの内乱である。諸説はあるが、その戦いのなかで北軍側に約35万、南軍側に約20万の戦死者が出て、合わせて50万〜60万人規模の戦死者が出た。

なお、独立戦争で出たアメリカの戦死者は約2万5000人であり、第2次世界大戦では約40万人、ベトナム戦争では約5万人だった。つまり南北戦争とは、アメリカが経験してきた戦争のうち、最も多くのアメリカ人が命を落とした戦いなのである。また19世紀の中ごろまでに起こった世界の戦争と比較してみても、南北戦争はかなりの戦死者が出た戦いだった。それゆえ、アメリカ人たちの心に与えたショックはかなりのもので、アメリカ英語で通常、「戦前（antebellum）」と「戦後（posrbellum）」と言った場合、その境目は第2次世界大戦ではなく、南北戦争を指すほどなのである。

それはともかく、ではなぜ南北戦争では、このような莫大な戦死者が出ることになったのだろうか。まず理由の一つとして挙げられるのが、19世紀中ごろに起きた、銃火器の革命的な進化である。

銃身の内側にらせん状のミゾを彫り、発射される銃弾にキリモミ状の回転を与えて、命中率や飛距離を伸ばすライフル銃は、その原理自体は15世紀ごろから知られていたが、19世紀の中ごろから、実用的なものが生産できるようになった。南北戦争は、戦場で向かい合う双方の軍隊が、それぞれ組織的かつ大規模にライフル銃を装備、運用して戦った、恐らく世界で初めての戦争だった。

またもうひとつ特筆すべきこととして、南北戦争前夜ごろから、実用的な後装銃、すなわち銃弾を銃の後ろのほうから装塡《そうてん》する形式の銃が、世の中に出回るようになった。それまでの銃は前装銃、すなわち銃弾を銃口から装塡するものが一般的だったのだが、後装銃のほうが、装塡スピードや連発性能などにおいて勝るものだった。この後装銃は、ライフルほど広く南北戦争時代に使用されたわけではない。しかし、一部の部隊が実験的に活用するなどして、確かに前装銃を寄せ付けない強さを誇った。

こうした、それ以前とは比べ物にならない性能を持った銃火器の登場によって、南北戦争では、従来の戦争よりも莫大な規模の戦死者が出るようになった。

ところで南北戦争の勃発前夜、アメリカの政界や軍関係者の間を、一人の男が「自分の発明した新型ライフル銃」を手に、そのセールスをして回っていた。男の名はアンブローズ・バーンサイドといって、1853年までアメリカ陸軍に勤務していた、元将校だった。

当時のアメリカには、このような「強力な新型銃を発明した」とうたう自称発明家がそこらじゅうにいて、いろいろなコネを使って政府、軍関係者に面会し、その発明品を売り込んでいた。南北戦争において、時代の技術レベルとしては後装銃が完成していながら、軍がそれを大量に調達して使わなかった理由の一つは、こうした発明家たちの売り込みに、政府や軍の高官がうさん臭さを感じていたことによる。しかし、バーンサイドが1855年に発明したこの新型後装ライフル銃、その名も「バーンサイド・カービン」は、彼の元将校という経歴も奏功したのか、政府や軍と、ある程度の購入契約を結べることとなった。

けれども、時代の流れとは面白いもので、1861年から始まった南北戦争で歴史に名を残したのは、バーンサイドが精魂込めて開発したバーンサイド・カービンではなく、バーンサイド、その人自身だった。

南軍に劣った北軍の士気

アンブローズ・バーンサイドは1824年、北部インディアナ州に生まれた。1847年にウェストポイント陸軍士官学校を卒業して陸軍将校となり、米墨戦争に従軍。その後は西部辺境でインディアン対策などの軍務についていた。しかし1853年に軍隊を辞め、新型銃、バーンサイド・カービンの開発に取り組んでいたことは、前述したとおりである。

バーンサイドは気さくな人柄で、誰とでも打ち解け、話をするのも聞くのも好きだった。つまりは、コミュニケーション能力の高い、社会性に富んだ人物だったようだ。そういう性格が評価されてか、彼はバーンサイド・カービンについての営業活動と並行して政治家とのコネクションも生まれ、1858年に民主党の公認候補としてロードアイランド州から合衆国下院議員選挙に出馬する。しかし、この選挙で彼は大敗。しかも同時期、自慢のバーンサイド・カービン製造工場が火事で焼け落ちてしまい、莫大な借金を抱え込むことにもなってしまった。バーンサイドが失意のどん底にいた、まさにその時に起こったものが、南北戦争だった。彼はすぐ、北軍に志願する。

戦争遂行のための義勇兵を募集していた政府にとって、元将校たるバーンサイドの軍への復帰は歓迎すべきことで、彼はすぐ将軍の地位を与えられ、南北戦争初期の北軍幹部の一人となった。

南北戦争の初期から中盤にかけて、北軍は兵力や物資の面で南軍を圧倒しながら、なかなか戦場で勝利を得ることができなかった。これにはいろいろな原因があるのだが、第一の理由に、士気の差があった。

北軍はこの戦争の大義として、黒人奴隷制度への反対、また連邦制度の維持（つまり南部諸州が「勝手に合衆国から離脱した」ことに対する懲罰）を掲げていたが、北軍の多くの一般兵は、黒人のために自分の命を投げ出すことについて違和感があったし、また「連邦制とは何か」といった政治的なテーマについて、深く理解しているわけでもなかった。一方で南部の人々にとってみれば、奴隷制は自分たちの故郷に昔からある伝統的な社会システムで、北部がそれについていきなり手を突っ込んでくるのには感情的な反発があった。また、南北戦争とは基本的に、合衆国から離脱した南部諸州に対し、北軍がその地域に進攻、制圧する形で進んだから、南軍にとってそれは素朴な愛郷心を刺激する、祖国防衛戦争というふうに感じられるものだった。この認識の差が、南北両軍の士気の差となって鮮明に表れた。

さらに南軍と北軍では、将兵の質の差もあった。両軍とも、内戦の勃発にともなって、そこから義勇兵を募り、軍隊をつくっていったことに関しては共通するのだが、当時の北部は勃興する商工業を基盤とした都市型文明が形成されつつあった時代で、北部の市民のなかには、現代のサラリーマンと同じような生活をしている人々も、かなりの割合でいた。一方で南部は古い農村社会で、乗馬や銃の技術なしには、日々の生活を送ることも難しい生活環境にいた人々も多かった。また、そういう南部とは言ってみれば「保守的な田舎」であり、尚武の気風というのか、日ごろから民兵団などに加入し、軍事が身近にある暮らしをしていた人々も少なくなかった。義勇兵として南軍、北軍それぞれに入隊した「市民」たちの兵士としての資質に関しては、最初からそういう差があった。

さらに付け加えると、北軍の高級軍人たちは開戦当初、自分たちの最高指揮官であるところの大統領、エイブラハム・リンカーンについて、まるで評価していなかったという事実があった。リンカーンが、特に学歴もなく、貧しい開拓農民から大統領にまで成り上がった苦労の人であることはよく知られているが、軍隊の将軍などという存在は古今東西、社会の名士であったり、上流階級出身だったりすることが多い。いまでこそリンカーンは「自由と民主主義を守った偉人」のように評価されている人物だが、南北戦争が勃発した時点においては「幸運などもあってたまたま1860年の大統領選に勝利した、経歴の怪しげなダークホース的存在」のようにみなす人々も、少なからずいた。北軍の指揮官たちも、そういう目線でリンカーンを馬鹿にすることはなはだしく、特にジョージ・マクレラン、ジョン・フレモント、ベンジャミン・バトラーといった将軍たちは、露骨にリンカーンの指示を無視した行動をとることすらあった。

リンカーンに忠実だった稀有な男

しかし、アンブローズ・バーンサイドという人物は、そのような高級指揮官がゴロゴロしていた戦争初期の北軍において、珍しくリンカーンに素直に従う将軍だった。

バーンサイドはすでに述べたように、経歴的に見れば民主党との政治的コネクションを持っていた人物で、共和党所属のリンカーンとは、距離があるはずだった。実際、バーンサイドも個人的感想としては、あまりリンカーンにいい印象を持っていなかったらしい。しかしバーンサイドは、コミュニケーション能力に富んだ真っ当な社会人であったゆえに、大統領たるリンカーンからの命令には一貫して忠実だった。リンカーンはこのバーンサイドを、さまざまな任務において重宝した。

しかしバーンサイドは、民間で発明家稼業などをしていた割に、軍事指揮官としては融通のきかない人物だった。彼は上からの命令には確かに忠実だったが、現場で臨機応変に事態に対応するような能力に著しく欠けており、馬鹿正直な正面攻撃などにこだわる傾向があった。そういう彼の性格がよく表れた一つの例として知られるのが、１８６２年9月17日にメリーランド州で発生した、アンティータムの戦いだった。

この戦いでは、北軍のジョージ・マクレラン将軍と、南軍のロバート・エドワード・リー将軍の部隊が激突、北軍の辛勝という形に終わったのだが、バーンサイドはこのとき、戦場となったアンティータム・クリークという小川の東岸に、約1万2000人の兵を従えて陣取っていた。マクレランはバーンサイドに対し、川を渡って西岸の南軍を攻めるよう命令した。バーンサイド部隊の目の前に、小さな橋が架かっていた。彼は部下たちに、この橋を通って川を渡れと命じた。しかし、川の向こうには南軍部隊が陣取っていて、橋を渡ろうとするバーンサイドの部下たちを猛烈に攻撃する。バーンサイドは負けじと、何としてでも橋を突破するよう、部下たちを励まして繰り返し突撃を命じた。当然のように、バーンサイドの部隊にはすさまじい犠牲が出た。

しかしながら、このバーンサイドが渡るべきだった川、すなわちアンティータム・クリークは、せいぜいが幅、十数メートル程度、水深も1メートルあるかないかのような小川だった。バーンサイドが特に橋にこだわることなく、南軍の死角から川を押し渡るよう工夫すれば、そんな犠牲が出ることはなかったはずだった。しかし、バーンサイドは頑固に橋にこだわる。ある南軍の将校がその様子を見て、馬鹿にするようにこう言った。

「バーンサイド・ブリッジを見て来いよ。バーンサイドはちょっとジャンプさえすれば、あの小川を渡れるってのによ」

以後、現在に至るまで、その古戦場に残された橋は「バーンサイド・ブリッジ」と呼ばれている。

しかしながら、そのアンティータムの戦いが終わり、マクレランが東部戦線における北軍主力、ポトマック軍の司令官を解任されると、何とリンカーンはその後任に、バーンサイドを指名した。

実はバーンサイドはこの時点までに過去、2度にわたって同じ指名をリンカーンから受けていた事実があった。バーンサイドはその都度、固辞していたのだが、さすがに3度目の指名は断り切れなかった。後に北軍総司令官となるユリシーズ・S・グラント将軍は、バーンサイドについて「大部隊を率いるような能力はとても持っていない」と言い切っている。バーンサイド自身、実はそれがよくわかっていて、だからこそ彼はポトマック軍司令への指名を断り続けていた。しかし、そんな彼がついに1862年11月、北軍主力部隊の司令官になってしまったのである。つまりそれだけ、北軍には人材がいなかった。

ポトマック軍司令となったバーンサイドに対し、リンカーンはすぐ、南部連合国首都リッチモンドに対する、大規模な侵攻作戦を命じた。別にバーンサイドに限らず、リンカーンは常に北軍首脳に対し、リッチモンド攻略作戦の遂行を命じていた。しかし、マクレランなど反リンカーン派の将校たちは、言を左右にしてそれをはぐらかすのが常だった。海路を使った壮大なリッチモンドへの側面奇襲作戦、半島作戦をマクレランが1862年の春に行ったのも、このリンカーンの求めるリッチモンドへの強攻策をかわすためのものであった。しかし、バーンサイドは愚直に、このリンカーンの指示に従うのである。

融通の利かない突撃指令

1862年11月中旬、バーンサイドはポトマック軍の兵、約11万を従え、北部首都ワシントンを出発した。そのまま彼はまっすぐにリッチモンドを目指して南下し、その途上にある、バージニア州フレデリックスバーグの街の前面に到着した。フレデリックスバーグのそばにはラパハノック川が流れていて、これはアンティータム・クリークとは違い、人がそのまま渡ることはできないような広さと深さを持っていた。そこでバーンサイドは川船を呼び寄せ、それを連結して即席の橋を作り、それを通ってラパハノック川を渡ろうと言った。

バーンサイドの部下たちは反対した。いま、フレデリックスバーグの街は大した防備を整えていないようであるが、川船などを呼んでいるうちに、大規模な南軍部隊がフレデリックスバーグ入りしてしまう可能性もある。ひとまず、小部隊を割いて上流の川幅が狭い地域などから急ぎラパハノック川を渡らせてフレデリックスバーグを確保し、後続の大部隊が渡河する方策は、それから考えようと、バーンサイドに進言した。しかし、バーンサイドはそれを退け、大部隊で一気に川を渡り、堂々とフレデリックスバーグへ進撃する方針を示した。

かくして１８６２年12月11日の朝、北軍による川船の橋がラパハノック川にかかった。バーンサイドの部隊は堂々とそれを渡ってフレデリックスバーグに迫ったが、果たして南軍は急ぎフレデリックスバーグに集結していて、街の高台であるメアリー高地には、急ごしらえの要塞線も構築されていた。しかし、北軍の兵力が約11万に対し、南軍は約7万。バーンサイドは勝てると踏んで、12月13日、部下たちに南軍陣地への一斉突撃を命じる。

フレデリックスバーグの戦い（1862年）

結果は、悲惨そのものだった。何の防御策もなくフレデリックスバーグの原っぱを駆け上がってくる北軍兵を、防御壁の後ろから南軍のライフル銃が容赦なくつるべ撃ちにした。たった１日で北軍は約１万２０００人もの死傷者を出し、まさに惨敗して撤退に追い込まれた。戦場を視察した北部ペンシルバニア州知事、アンドリュー・カーチンが、「あれは戦闘ではなく、一方的な虐殺だった」と証言するほどの一方的な大敗北を、バーンサイドはこうむったのだ。

1863年の1月にポトマック軍司令を解任されたバーンサイドは、自ら軍からの完全辞職を申し入れたが、リンカーンはそれを慰留した。バーンサイドは新たに、戦場から遠い、後方のオハイオ州駐屯部隊の司令官に任命された。当然ながらオハイオ州では何の戦闘も起こらず、バーンサイドはそこでいわば楽隠居のような生活ができるかと思ったが、同州ではアンチ・リンカーンの民主党員がさまざまな反政府活動を行っていて、バーンサイドはそういう活動家たちの制圧、逮捕に忙しい日々を送ることになる。前述したように、そもそもバーンサイド自身は民主党員だったのだが、特に手心を加えることもなく、オハイオ州でも「上からの支持にはきちんと従う社会人」としての生き方を貫いている。

最後の作戦も馬鹿正直に

もう一つだけ、南北戦争中のバーンサイドの活動として特筆すべきものに、戦争後期の1864年7月30日に起こったクレーターの戦いがある。

このとき、南軍はすでに北軍に追い込まれて、リッチモンドそばの要塞都市ピーターズバーグにこもり、降伏も時間の問題だとされていた。しかし、ピーターズバーグの守りは固く、北軍は少しでも多くの兵で同要塞を圧迫すべく、バーンサイドを最前線に復帰させていたのである。

このとき、バーンサイドの部下に元炭鉱労働者だった者がいて、ある奇抜な作戦を提案した。地面にトンネルを掘ってピーターズバーグ要塞の地下に至り、そこに爆薬を仕掛けて、要塞を吹き飛ばそうというのである。一見突飛ではあるが、これは後に坑道爆破作戦と呼ばれ、日露戦争や第1次世界大戦でも行われた戦い方であり、いわばバーンサイドは、その先駆けをなそうとしたのである。

かくしてバーンサイドの部下たちは地下トンネルを掘り進め、計画通りに要塞の一角を爆破。その穴に向かって、あらかじめ待機させていた北軍兵、約8000人が突っ込んだ。しかし、彼らは爆薬が地面に空けた大きな穴にはまり込んでしまい、上からまるでフレデリックスバーグの再現のごとく南軍が猛烈な銃弾を浴びせ、部隊の約半数が死傷して撤退せざるをえなくなる。

繰り返すが、この坑道爆破作戦は目の付けどころそれ自体はいいものだった。しかし、当時としては前例のない戦い方で、それゆえのリスクをかぶってしまったというべきなのだろう。バーンサイドはついに軍から完全に引退する決意を固め、リンカーンの慰留も振り切って、1865年4月、完全なる一民間人に戻った。彼自身は決して傲慢でも無能でもなく、また自分の才能の限界を知っていたという意味で賢明な人物でさえあった。南北戦争前半期の、あまりに人材のいなかった北軍を不運のうちに支え続けた、悲劇の将という評価も多い。

南北戦争後、彼はロードアイランド州知事や、同州選出の合衆国上院議員、また全米ライフル協会の初代会長などを務め、北部の名士としての晩年を過ごした後、1881年に心臓病で死去した。57歳だった。

なお、顔の全面にひげを生やしながら、あごの部分だけをそり落としたスタイルを「サイドバーン」というのだが、それはバーンサイドがそのタイプのひげを生やしていたところから、ついた名前だという。

第3章

困った人たち

南軍　ブラクストン・ブラッグ

Braxton Bragg

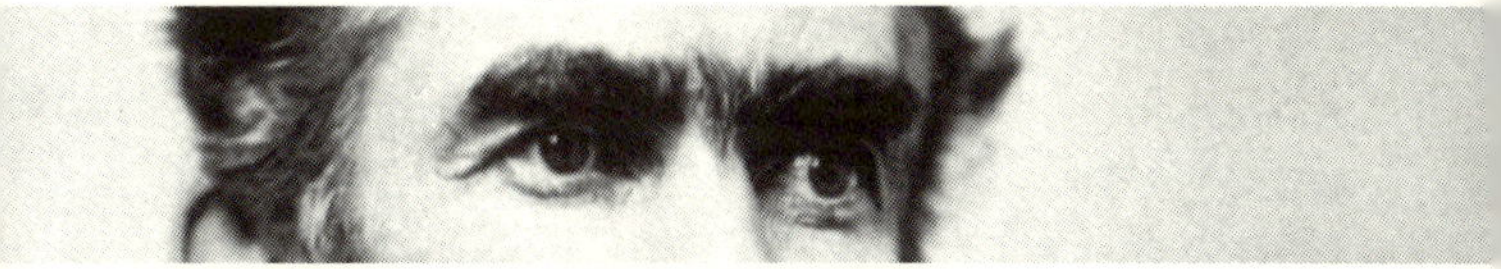

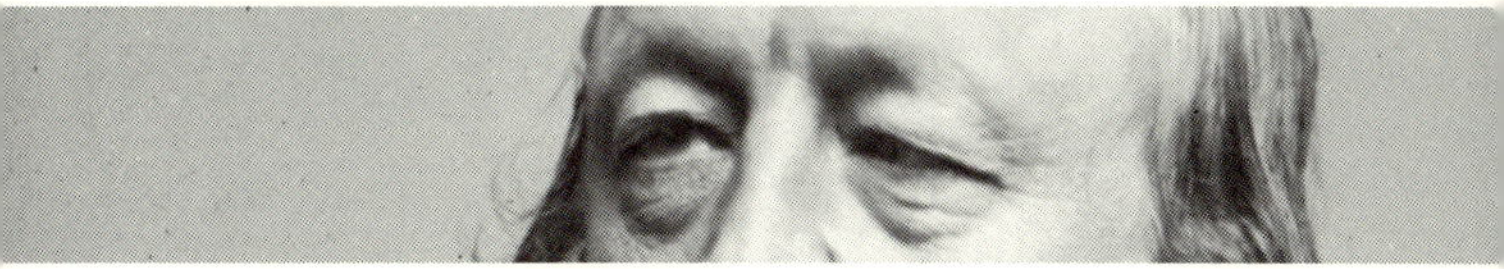

Benjamin Franklin Butler

ベンジャミン・F・バトラー　北軍

この21世紀において、軍隊とはどこの国のものであっても大抵が一種の官僚組織であり、厳格な階級制度に基づく。そして、上意下達の命令系統を持つ、非常にシステマティックな集団である。ところがこの「現代の常識」から見ると、南北戦争における南北双方の軍隊は、何か妙なのだ。少し前まで、民間でビジネスをしていたり、また政治家であったりといった、何の軍事経験もないような人物が普通の顔をして高級将校に任じられているような例が多々あり、またどこ方面の司令官に誰を任命するのかといった問題などでも、政府指導部とのコネで簡単に話がひっくり返されるようなことがよくあった。

そもそも南北戦争勃発当時、北部も南部もまともな実力組織を保有しておらず、その軍隊はかなり急ごしらえの形でつくられていくことになる。そこが、軍事能力よりも政治的なコネで、軍人の人事が行われるようになった原因の一つだった。しかしそれは、ひとまず軍隊を形だけの上でつくり上げることにはそれなりの効果を発揮したが、長期的にはあまりいい結果をもたらさなかった。

北部合衆国首都ワシントンと、南部連合国首都リッチモンドという、おたがいが150キロメートルほどしか離れていない狭い地域の攻防戦たる東部戦線とは別に、南北戦争には、当時辺境と考えられていた西部諸州をめぐる戦い、西部戦線が存在した。戦争前半期、その西部戦線の南軍部隊を統括していたのがブラクストン・ブラッグという将軍だったが、彼はまさに南部大統領、ジェファーソン・デービスの友人という理由でその地位に抜擢された人物で、大軍の指揮官としてはかなり問題のある人物だった。

結局、このブラッグが部下たちをうまく統御できなかったことを原因に、南軍は西部戦線の要衝とも言えるケンタッキー州やテネシー州の支配権をめぐる戦い、ペリービルの戦い（1862年10月8日）やストーンズリバーの戦い（1862年12月31日〜63年1月2日）の戦いで北軍に不覚を取る。当時の世論は、この西部戦線を「首都から離れた遠い辺境で行われている、よくわからない戦い」ととらえる傾向が強かったが、実は後世から振り返れば、戦争全体の状況に大きな影響を与えた、戦略上非常に意味のある戦闘で、このブラッグの不手際による、南軍の西部戦線での後退は、北軍にじわじわと勢いを与えていくことになる。

また、北軍には「政治家将軍」と呼ばれる、完全に政治的なコネで部隊のトップに納まりかえっている問題人物が多々おり、ベンジャミン・バトラー将軍はそうした無能な指揮官の象徴であった。しかし、政治家としては有能だったバトラーは、戦場で出会った逃亡奴隷らの取り扱い、組織化などには手腕を発揮し、1863年1月にリンカーンが奴隷解放宣言を発布することへの道筋をつけた人物でもあった。そして「この内乱は黒人奴隷解放の大義のもとに行われているものである」というリンカーンの政治的メッセージの発出は、北軍を次第に弱兵の集団から、聖なる使命を帯びた強固な軍事集団へと、変えてもいくのである。

南軍

ブラクストン・ブラッグ

政治力にかばわれ続けた愚将

Braxton BRAGG
1817-1876

「境界州」をめぐる西部戦線

1861年の4月に南北戦争が始まったとき、同時代人の多くは、これは純軍事的には、東部戦線をどう戦うかで解決する問題だろうと思っていた。

北部合衆国の首都は現在と同じワシントンで、その合衆国から独立を宣言した南部連合国は、バージニア州リッチモンドを自らの首都に定めた。この同じくアメリカ東海岸にある2つの都市は、お互いに150キロメートルほどしか離れておらず、そんな狭い地域に戦争が終わる1865年までの間、延べ数百万人規模の兵士たちが続々と送り込まれ、そして続々と、数十万人規模で死んでいった。

この「南北双方の首都攻防戦」のことを、南北戦争における「東部戦線」というのだが、前述したように同時代人の多くは、この東部戦線こそを南北戦争の最も重要な戦場だと思っていた。ワシントン周辺に集う政治家やマスコミ人たちも、日々この東部戦線のあり方についてもっぱら議論を戦わせ、報道していたというのが実態で、そこ以外で行われていた戦いに、当時多くの関心が集まったことは、あまりなかったといっていい。

しかし実際のところ、東部戦線以外にも重要な南北戦争の戦いは多々あった。その一つが、「境界州」をめぐる攻防だった。

南北戦争とはその名の通り、1861年段階のアメリカにあった各州が、北半分（北部合衆国）と南半分（南部連合国）に分裂して行われた内乱である。しかし、その南北のちょうど境目部分に位置したいくつかの州は、その内乱が始まった際、自分たちの身の振り方に悩んだ。すなわちそれらの州、「境界州」には、北部の言い分もわかるし、南部の言い分もわかるという人々が多く、容易に南北のどちらかにつくという決断ができなかったからである。

歴史の事実から先に書いてしまえば、これら境界州はすべて最終的に、北部につく道を選んだ。しかし、そこに至る経緯はなかなか複雑で、境界州にとって簡単に下せる決断でもなかった。

この境界州をめぐる攻防、およびアメリカの西部を縦貫する大河、ミシシッピ川の制河権に関しての戦いなどを、東部戦線と対比させて「西部戦線」と呼ぶ。前述したように、この西部戦線は南北戦争が行われた当時、必ずしも重要な戦いだとはみなされておらず、注目度も低かった。しかし現在では、この西部戦線は実は東部戦線以上に重要な、南北戦争全体の帰趨《きすう》を決した戦いではなかったのかとも評されている。

そんな境界州のひとつに、ケンタッキー州がある。アメリカの地図を見てもらえればわかるが、この州はアメリカの東部（東海岸）と西部の結節点のような場所に位置する。また特に南北戦争という内乱のなかでは、このケンタッキーを橋頭堡《きょうとうほ》にして南隣の南部テネシー州に侵攻すれば、そこからミシシッピ州やジョージア州などの、南部連合国の中でも特に大きな力を持っていた「ディープ・サウス（深南部）」と呼ばれる地域への出撃拠点になりえた。

そういう意味で、ケンタッキーは南北戦争のなかにおいて、地政学的に極めて重要な戦略拠点であり、南北双方とも、自陣営に引き込もうと躍起になっていた。実際に開戦当初、「リンカーンは神を味方につけたいだろうが、その前にケンタッキーを味方につけねばなるまい」などといったことさえ、言われていたという。

テネシー軍司令としてケンタッキー州に侵攻

さて、西部戦線に展開した南軍の主要部隊を、テネシー軍といった（1861年3月に「ミシシッピ軍」として創設、翌年11月に改称）。当初、アルバート・シドニー・ジョンストンという将軍が指揮官だったが、彼は1862年4月にテネシー州で起こったシャイローの戦いで戦死する。その後、G・T・ボーリガード将軍が指揮を引き継いだものの、彼は南部連合国大統領のジェファーソン・デービスと折り合いが悪く、すぐ「病気」と称して現場に現れなくなり、デービスによって同年5月に解任された。その後任としてテネシー軍司令に就いたのが、ブラクストン・ブラッグという将軍だった。

ブラッグは1817年に南部ノースカロライナ州に生まれた人物で、生家は奴隷を所有する、そこそこの金持ちだった。ただ、ブラッグ家のその財産は、一介の大工から身を起こしたブラッグの父親が一代で築き上げたもので、地域の上流社会からは、ブラッグ家は馬鹿にされていたらしい。

そういう生育環境が災いしたのだろうか、ブラッグは陰湿でネチネチとしたしゃべり方をする、いつも何かに不満を持っているような雰囲気の人間に育った。1837年にウェストポイント士官学校を卒業した際の席次は上から5番目で、優秀な人物ではあったのだろうが、友達などは少なかった。しかし、そんなブラッグが例外的に親しくしていたのが南部連合国大統領のデービスで、2人は共に軍人として参加していた米墨戦争の戦場で出会い、終生の友になった。

そんなブラッグがテネシー軍（当時はまだ「ミシシッピ軍」）の司令になって考えたことは、ケンタッキー州への侵攻だった。すでに述べたように、ケンタッキーは南北戦争全体の趨勢を決するだろう、重要な戦略上の拠点である。しかし、南北戦争開戦以来、州内の世論は定まらず、親北部派と親南部派が、小競り合いのようなことを繰り返していた。であれば、南軍が思い切ってケンタッキーを攻めてこれを制圧すれば、同州を南部連合側に完全に引き込むこともできるはずだ。ブラッグはこうした考えのもと、テネシー州に約3万の南軍兵を集結させ、ケンタッキーに向かって北上を開始した。

文章にして書けば簡単な話にも見えるが、ワシントン－リッチモンド間のわずか150キロメートルほどの地域に莫大な兵力が注ぎ込まれた東部戦線とは違い、西部戦線とは複数の州にまたがる広大な地域に、南北両軍が砂粒のように兵隊をばらまいた戦場だった。特に戦争の前半期、万単位の兵力を結集、運用することは物理的にかなりの困難を伴い、数百人程度の兵が「大部隊」とされ、それらによる小競り合いのようなことが「決戦」のような形になり、地域の政治的状況を決してしまうようなことさえ、西部戦線ではしばしば起こっていた。特に兵力や補給能力の問題で常に北軍に劣後していた南軍にとり、この問題は深刻だった。ではなぜ、ブラッグはこのような大量兵力の結集に成功したのか。

その答えは、鉄道の活用である。ブラッグは南軍の兵士たちを鉄道に乗せ、大量輸送することで、当時の西部戦線の南軍としては破格の数の兵力を集めることができたのである。

世界史的にみると、実用的な蒸気機関車が世に現れたのは、19世紀前半のことである。アメリカの各地で鉄道網の建設が本格化したのは19世紀中ごろのことで、当時はまだ鉄道に対して、「海のものとも山のものともわからない」といった感じで、否定的に見る人々も存在した。しかしブラッグは、そういう偏見にはとらわれていない人物だった。もっとも、北部に比して経済力で劣る南部では、実のところ大した鉄道網が存在しておらず、ブラッグはミシシッピ州やアラバマ州などを経由し、かなり複雑で大回りな経路をとって、テネシーに兵を集めている。しかしそれが逆に、北軍側に「南軍がテネシーに大集結している」といった印象を与えなかったところがあるらしい。

侵攻軍の内部対立

ケンタッキーにはすでに、ブラッグとは独立して動いていたエドマンド・カービー・スミス将軍率いる南軍部隊が入っており、ブラッグは1862年7月末、スミスと会談して、ひとまず合同のケンタッキー侵攻軍、約2万の陣容を整えた。こうして意気揚々と南軍はケンタッキーへ進撃していったのだが、実はスミスは、鼻もちならない性格のブラッグを出し抜いて、ケンタッキー征服の手柄を独り占めしようともくろんでおり、ブラッグもそれを察して、南軍内部には最初から微妙な亀裂が入りつつあった。

南軍がケンタッキーに侵入したとの報は、同州内の親南部派を歓喜させた。ケンタッキーでは以前から親南部派による独自の「州政府」が立ち上げられていたが、その知事としてリチャード・ホーズなる人物が10月4日に就任式を行うこととなり、ブラッグはそれに出席するため、ひとまず戦場を離れた。

ブラッグがその間、戦場における部隊指揮を任せたのが、部下のレオニダス・ポーク将軍だった。ポークは一応、ウェストポイント士官学校を卒業した人物だったが、すぐに軍隊をやめて、キリスト教教派の一つ、アメリカ聖公会の聖職者をしていたという変わり種だった。1861年に南部連合国が結成され、南北戦争が始まる流れとなるや、ポークはアメリカ聖公会を分裂させて南部独自の聖公会組織を立ち上げる。また、同時に南軍に志願して、将軍の肩書を得ていたという人物だった。

ポークはそういう社会的影響力のある人物だったので、南部連合の大統領、ジェファーソン・デービスとは親しかった。しかし、同じくデービスの友人だったブラッグとは馬が合わず、それどころかブラッグは、大した軍事知識もないまま大言壮語を繰り返す尊大な人物として、ポークを露骨に軽蔑していた。彼が軍の指揮を一時ポークに委任したのは、単に部隊の序列がそのようになっていたというだけの理由からだった。

しかし間の悪いことに、ブラッグが現場を離れていた10月8日、ケンタッキー州ペリービル近郊で、南北両軍が激突する。ケンタッキーに南軍が侵入したとの報を聞き、侵攻していたテネシー州から慌てて駆け付けた北軍部隊との戦端が開かれたのだ。

ポークは前述したように、決して豊富な軍事経験を持っていたわけでもない男だったが、性格は豪胆で、攻撃精神に富んでいた。ポークは聖職者にあるまじき粗野な言葉で部下たちを励まし、勇猛果敢に北軍部隊と戦った。戦いの一日が終わったのち、南軍は1万6000の兵力に対して死傷者3400、対して北軍は2万2000の兵力に対し死傷者4200という損害を出していた。見てのとおり、北軍側の被害程度が大きく、また南軍は戦闘の結果、北軍部隊を1マイル（1・6キロメートル）ほども押し込んで後退させていた。決定的勝利はつかめていないが、まずまずの戦果だ。しかし、そういう形で意気軒昂たるテネシー軍の現場に、ブラッグからの信じられない指示がもたらされた。ひとまず一度、部隊をまとめて撤退しろというのである。

ブラッグの主張は、以下のようなものだった。

まず、このときペリービルで南軍と激突した北軍部隊の指揮官、ドン・カルロス・ビュエル将軍は、戦闘開始時後方にいて、自軍が南軍との戦いに入ったことを当初認識していなかった。よってビュエルは、10月8日の午後になってからあたふたとこの戦いに本腰を入れ始めた。すなわち、10月8日の戦闘は北軍がまだ本気を出していないとも考えられ、北軍は今後、予備部隊などを呼んでさらに拡充される可能性もあるので、このペリービルで戦い続けることは南軍にとって不利だというのである。

次にブラッグは、自分たちがケンタッキーに入ることによって、親南部派の市民が義勇兵となってテネシー軍に加わり、部隊の力はさらに強化されると思っていたが、あまりそのような現象が発生していないと主張。このままケンタッキーでの侵攻作戦を続けても、自給的な戦いができない可能性が強いのではないかと語った。

さらにブラッグは、このペリービルの戦いと同時期に行われていた、同じく西部戦線の第2次コリンスの戦い（1862年10月3～4日）、および東部戦線のアンティータムの戦い（同年9月17日）で南軍が敗退していることを挙げ、このままテネシー軍がケンタッキーに押し込んでも、戦局全体のなかでは孤立する可能性があり、ゆえに現時点では撤退が最も妥当な判断ではないかとした。

理屈はともかく、戦場で文字通り血と汗を流して戦術的勝利をもぎ取ったポーク以下の現場組にとっては、到底受け入れがたいブラッグの指示だった。おまけにテネシー軍内では、日ごろからブラッグがネチネチと規律の乱れなどに関して部下に小言を言うことなどへの不満が高まっており、特にポークは、ブラッグが個人的に自分を侮っていることも知っていたので、ますます反感を強めた。

しかし、それでも上級指揮官の命令である。テネシー軍はブラッグに対する不満をためたまま、ケンタッキーから撤退していった。

憤懣《ふんまん》やるかたないポークは、ペリービルの戦いの後、南部連合大統領デービスに向けて、ブラッグを解任してほしいと嘆願した。しかし、デービスは旧友たるブラッグをかばい、テネシー軍司令の地位にとどめた。ポークは著名な聖職者でもある南部の名士だったので、もともとブラッグに負けず劣らず、デービスとは親しい間柄だった。それゆえ、デービスのこの行動に、ポークの自尊心はさらに傷つけられた。

しかし、ブラッグの戦いはここで終わらなかった。ペリービルで南軍と対峙した北軍のビュエル将軍は、撤退するブラッグを追撃しなかったことを責められ、解任されていた。その後任となったウィリアム・ローズクランズ将軍は慎重な人柄で、テネシー州内に撤退したブラッグを早急に追うことにはためらいがあった。しかし、ワシントンの合衆国政府はローズクランズに一刻も早い進撃を要求した。ペリービルの戦いの結果、南部がケンタッキーでの影響力を増していく道は、ひとまず閉ざされた。次なる目標は、北軍としてその南隣のテネシー州を制圧し、ディープ・サウスへの侵攻路を開くことだ。この時期、テネシー州の西側は、すでに北軍が侵入して確保していたが、同州の東部地域では、南軍が頑強に抵抗していた。その南軍の中核的存在の一つが、テネシーに撤退したブラッグの部隊である。今こそブラッグを叩き潰す時だと、ワシントン政府はローズクランズに厳命した。

またもや繰り返される深刻な内輪もめ

1862年12月31日の大晦日、西テネシーから進撃したローズクランズの北軍部隊、カンバーランド軍の約4万3000は、テネシー州のちょうど中央部、マーフリーズボロ周辺で、ブラッグが率いる南軍テネシー軍、約3万5000と激突した。ストーンズリバーの戦いと呼ばれる一戦である。

両軍は戦場で対峙した状態で、共に右翼部隊を固定し、左翼部隊でもって敵の後方に回り込み、そのまま包囲殲滅《せんめつ》する策をとった。南北戦争で多くの指揮官が好んだ、片翼包囲を企図しての行動である。この場合、右翼と左翼の結節点である、敵軍の中央部隊をどう切り崩すかが、戦いの一つのポイントになる。

お互いが同じ策で戦っているわけだから、年をまたいで1863年1月2日まで続いたこの戦いは、凄惨《せいさん》な力押しになった。一時、南軍が北軍を圧倒した瞬間もあったが、北軍中央部隊に陣取っていたジョージ・トーマス将軍の粘り強い防戦にあって、南軍はついに北軍を切り崩すことができなかった。戦いが一段落したとき、北軍には約1万3000、南軍には約1万1000という、すさまじい規模の死傷者が出ていた。

そもそもが、北部側の政治的な要求によって無理矢理行われた戦いである。歴史家のブルース・キャットンは著書『南北戦争記』のなかでこのストーンズリバーの戦いに関し、「この戦いで、いずれが勝利したのか、また仮に意味があったとしても、軍事上どういう意味があったのか誰にもよくわからなかった」と、かなり辛辣に評している。

ただし、この結果にブラッグが下した決断は、また撤退だった。そもそも南部は北部に経済力で劣っており、野放図《のほうず》に部隊に損耗を出しながら北軍と戦い続けることは、補給の観点からも自殺行為に等しい愚策であると、ブラッグは判断した。

しかし、もはやテネシー軍の将校たちは黙っていなかった。ストーンズリバーの戦いも痛み分けとはいえ、一時は南軍が北軍を押していた。その現場の苦労を無にするような行為を、ブラッグは行い続けているというのである。またテネシー軍内部には、ブラッグが一度出し

ストーンズリバーの戦い（1862〜1863年）

た命令をしばしば撤回することについての不満も高まっていた。ポークは公然とブラッグにテネシー軍司令職を降りるよう要求し、またポークと同じくテネシー軍の現場部隊指揮官だったジョン・ブリッキンリッジ将軍は、ブラッグに決闘を申し込むと息巻いた。それに対してブラッグは、上官への反逆であると言って軍法会議の開催をちらつかせ、またストーンズリバーの戦いの最中、酒を飲みながら戦っていた将兵がいるといった批判を行い、もはやテネシー軍は内部崩壊寸前といった状況に陥っていた。

南部連合大統領のデービスは、それでもブラッグをかばい、テネシー軍司令の職から降ろさなかった。ブラッグはその後も、テネシー軍を率いていくつかの戦いに参加したが、部下たちとの溝は決定的になっていて、精彩を欠いた。1863年12月、デービスはついに、ブラッグをテネシー軍司令から解任する決断をする。その後、ブラッグはデービスの軍事顧問などをしながら南北戦争の時代を生き伸び、戦争が終わったのちの1876年、心臓疾患と思われる病で、59歳にて死んだ。

多くの歴史家は、西部戦線の天王山といってもいいようなケンタッキー、テネシー両州での失態をもって、ブラッグを南北戦争最大の愚将の一人に数えている。歴史家のジョン・A・ギャラティはブラッグに関し、「たいてい、決断力がない上に、根気がなかった」と評し、1863年11月に起こった第3次チャヤタヌーガの戦い（ブラッグがテネシー軍を率いて参加し、南軍が敗北）において、あるブラッグの部下が「現行指令官のもとにある限り、我々を敗北から救ってくれるのは神の手以外にありえない」と書き記したとのエピソードを紹介している（『知っておきたいアメリカ史1001』）。ほかにも、1862年において、西部戦線の戦局が決定的に北軍有利へと傾いた原因を、「ブラッグによる人災」のように書く歴史書などは数多い。

確かにブラッグは人格的に欠陥があり、やかまし屋で、人の神経を逆なでするような言動を平気でとるところがあって、とても大軍を率いる将の器を持っていたとはいいがたい。しかし一部の史家は特に近年になって、ブラッグは現場の戦闘指揮官としてはともかく、鉄道を有効活用する手腕や、境界州の政治的動向などを見抜く能力などに表れているように、戦局全体を見渡す戦略眼には優れていたと評する。また、テネシー軍内の不和にしても、ブラッグ本人に一定の責任があるのは事実だが、ポークら部下の抗命などもひどかったと、ブラッグを擁護する。

ブラッグの真の評価がどのようなところに落ち着くのかは、いまだに歴史の課題と言っていい。しかし、南部連合とはもともと、北部合衆国には従えないと考えた南部各州のゆるやかな連合体であって、テネシー軍に限らず、その組織内では内輪もめのようなことが極めて多かった。またデービス大統領が、しばしば情実人事のようなことをしがちであった事実も、さまざまな史家らが指摘していることだ。そう考えると「愚将ブラクストン・ブラッグ」という存在は、まさに南部連合国というものがまとった空気こそが、つくり出してしまったものなのかもしれない。

北軍

ベンジャミン・F・バトラー

最低にして最高の「政治家将軍」

Benjamin Franklin BUTLER
1818 1893

南北戦争を怪しく彩るド素人軍人

南北戦争に従軍した軍人たちについて調べていると、ときどき「おやっ？」と思わせるような経歴の人物に出くわす。どういうことかというと、南北戦争においては、別に士官学校を出ているわけでもなく、また過去に軍隊に入ってどこかの戦争に行ったわけでもない、すなわち軍事のド素人のような人が、かなり高位の階級章をつけて、あちこちの戦場で活動している事実があるのだ。

その種の素人軍人で、日本でも広く知られている人に、ウィリアム・スミス・クラークがいる。明治時代初期、北海道大学の前身である札幌農学校の教頭をしていたお雇い外国人教師で、「青年よ、大志を抱け」の名言で知られた、あのクラーク博士である。

クラークは、南北戦争が始まるまでマサチューセッツ州にあるアマースト大学という学校で化学や植物学の教授をしていた人物で、それまで軍事的なこととは何も関係ない人生を送っていた。しかし、クラークは個人的に熱烈な奴隷解放運動の支持者で、南北戦争が始まるや、その夢であった奴隷解放を自らの手で成し遂げるため、何の軍事経験もない、34歳という年齢で北軍に志願する。彼は特に南北戦争の前半期にあちこちの戦場で活動し、最終的には大佐に昇進して、地元部隊だったマサチューセッツ第21連隊の連隊長にまで出世している。

軍人としても、それなりに優秀な人だったらしい。

そして、南北戦争におけるこうした素人軍人は、決して珍しい存在ではなく、南軍にも北軍にも、本当に大量に存在した。これはいったいなぜなのか。それは最終的に、「そもそもアメリカ軍とは何か」という、大きく深い問題に突き当たる。

アメリカのそもそもの軍隊事情

周知のようにアメリカ合衆国とは、もともと北米大陸にあった大英帝国の植民地が本国イギリスに反旗を翻し、1776年に独立して誕生した国家である。建国の父たるジョージ・ワシントン（アメリカ合衆国初代大統領）らがイギリスに対して立ち上がった当初、彼らは特に「アメリカ軍」のような実力組織を持っているわけでもなかった。よって独立戦争の特に初期、アメリカ側に立ってイギリス軍と戦っていた主力は、義勇兵だった。別段、専門の軍事教育を受けたことがあるわけでもない、日ごろは農民や商人などをしている市民が、かたわらにあった猟銃などを手に取って即席の兵士となり（1分ほどで兵士に変身することから「ミニットマン」と呼ばれた）、当時世界最強とも呼ばれたイギリス軍に立ち向かっていった。

この、「圧政に対して立ち上がった個々の普通の市民が、悪しき強大な権力と戦って勝利した」というのが、アメリカにおける独立戦争への伝統的な見方で、すなわち建国神話である。

アメリカ独立戦争が終わったとき、ジョージ・ワシントンらは大陸軍（コンチネンタル・アーミー）という独自の軍事組織を擁してはいたが、すぐにそれはバラバラに解体されて、アメリカ合衆国の常備軍としてはほとんど残らなかった。世界の超大国とされ、さまざまな国に大量の軍隊を展開させる現在のアメリカの姿からは想像もできないが、独立戦争を戦い抜いたアメリカ建国の父たちが目指したものとは、「自分たちの新しい国、アメリカ合衆国を、イギリスのような国にはしないこと」だった。国王を頂点とした中央集権制や、強大な常備軍、そういったイギリスという国のあり方は、独立戦争を戦ったアメリカ人にとっては、ろくでもないものにしか感じられなかった。世襲権力を排して大統領を国家元首とする共和政や、厳格な三権分立、また構成各州に強力な自治権を付与した連邦制などの、アメリカ合衆国という国家の基本的な骨組みの底には、この「反イギリス」の思想が濃厚に流れている。

そして独立戦争後のアメリカ人たちは、イギリスのような強力な常備軍を持つという選択もしなかった。すでに述べたように、大陸軍はあらかた解体されてしまい、国境警備やインディアン対策などのための最低限の将兵以外、平時のアメリカには残されなかったのだ。では、そんなアメリカが対外戦争などを行う際にはどうすればいいのか。それはミニットマンよろしく、その都度、民衆のなかからまた義勇兵（英語で言うと「ボランティア」となる）を募ればいいではないか、というふうに考えられた。実際に、米英戦争や米墨戦争といった、アメリカ独立後の戦争は、そのような義勇兵によって行われたのである。

そんなアメリカの「軍隊事情」は、南北戦争前夜になっても特に変わらないままだった。1861年4月に南北戦争が始まったとき、アメリカ合衆国の常備軍は2万人程度しかおらず、その多くはインディアン対策などの任務で、西部の辺境地帯にいた。しかも、そのただでさえ少ない常備軍からは、南部出身の軍人たちが「自分たちは故郷のために戦う」と言って、続々と離脱を始めていた。目の前の内戦を戦うために、そのための軍隊を一からつくらねばならないという難しい課題が、南北双方の政府の前に立ちはだかったのである。

さて、そういうわけで南北双方とも、戦争が始まるや、あたふたと「義勇兵募集」を民衆に向かって呼びかけた。幸い、民衆は戦争熱で盛り上がっており、義勇兵になりたがる人々は多かった。北部合衆国大統領のリンカーンは、内戦勃発直後に7万5000人の義勇兵を募ると発表し、実際にそれだけの数の人々がすぐ集まっている。ただし、現実的にはどこの誰かもわからない、バラバラの個人が7万5000人集まっても、政府としてはうまく統制できない。ある程度まとまった地域集団などが、一定のまとめ役のもとに集まって志願してきてくれるような形が、政府としては理想だった。

そうした政府の要望にうまく応じたのが、いわゆる地域の顔役、地主や商店主、移民集団のボスなどといった存在だった。政府として彼らを——特に軍事経験があろうがなかろうが——最初から将校に任命すれば、その彼らは自分の影響下にある人々を自らで率い、労せずして「まとまった部隊」を形成してくれるのではないか——。南北ともに、政府はそのような期待を顔役たちに寄せ、実際にそういう顔役たちは、そうした期待にある程度は応えたのである。前述のクラーク博士が、何の軍事経験もない大学教授だったにもかかわらず、大佐になり、連隊長にもなったのは、学生たちをまとめた志願兵部隊を率いていたことが理由の一つだった。

そして、そういう即席将校を務めた最も代表的な人々が、南北双方にいた政治家たちだったのである。

機を見て民主党員から転向する

ベンジャミン・フランクリン・バトラーは、１８１８年に北部ニューハンプシャー州に生まれた人物で、後に同じく北部のマサチューセッツ州に移り、弁護士としての活動を経て政界入り。マサチューセッツ州議会議員などを務め、南北戦争前夜における、同州の政治ボスのような存在だった。

政治家としてのバトラーは、民主党員だった。一方で、南北戦争期の北部を大統領として率いたエイブラハム・リンカーンは、共和党の所属である。

民主党は、アメリカ建国の父の一人、トマス・ジェファーソン（第3代大統領）の流れをくむ人々によって1828年に設立された政党で、南北戦争前夜のアメリカにおいては、それなりの歴史も持つ全国政党だった。

一方の共和党は、1854年に設立された、南北戦争当時では新興政党と言っていい集団だった。しかも党のメッセージとして「奴隷制への反対」というものを明確に掲げており、奴隷制度を持つアメリカ南部諸州の間ではほとんど人気がなく、事実上、北部のみを基盤とする地域政党のようなものだった。そんな共和党が、1860年の大統領選挙で自党候補リンカーンを勝たせることができた最大の理由は、ライバルである民主党がこの時期分裂してしまったことだった。

19世紀の中ごろくらいから、アメリカでは奴隷制度の是非が非常に難しい政治的議論を巻き起こし、ほとんど国論を二分する状況となる。しかし、当時のアメリカで奴隷制度を保持していたのは、綿花プランテーション農業を主要産業としていた南部諸州のみ。北部を基盤とする共和党は、そういう南部の奴隷農園主たちに何も配慮する必要はなかったから、「奴隷制反対」で党は結束していた。

一方で民主党とは全国組織であり、党内には奴隷制に反対の政治家も、賛成の政治家もいた。次第に民主党は組織としての統一を保てなくなり、１８６０年の大統領選に際しては、北部民主党と南部民主党で分裂してしまう。当然、南部民主党とは「奴隷制度絶対擁護」の主張を持つ人々の集まりだった。こうして分裂した民主党は、共和党に敗北する。

ところがベンジャミン・バトラーは、北部マサチューセッツを地盤とする民主党員ではあったのだが、１８６０年の大統領選挙で、南部民主党のジョン・ブリッキンリッジ候補を推していた。もちろん、政界内のさまざまな力学で、ブリッキンリッジを推した北部人は多々いて、これは必ずしもバトラーに限った特殊な例ではない。こうした南部派の北部人のことを「コッパーヘッズ（毒蛇たち）」といって、南北戦争中は露骨に反政府活動を展開するようなことをしていたから、特に戦争中盤以降、リンカーン政権による厳しい取り締まりの対象になった。

しかしバトラーは南北戦争開戦後、そうしたコッパーヘッズとは一線を画す。何とバトラーは南北戦争が始まるや、南部民主党系の勢力とは手を切り、露骨に共和党のリンカーンに接近するのである。風見鶏と言えば風見鶏である。しかし、リンカーンは未曽有の内乱のなかにあって、「本来敵方の民主党勢力でありながら、自分に協力するバトラーという政治家」を、北部・共和党が内戦を戦う上での大義を補強する存在とみなし、重宝した。

特異な政治力を持った将軍

バトラーは若いころから、地元マサチューセッツ州の民兵団組織に出入りし、その幹部となっていた。しかしこの民兵団というのは、現代の日本に当てはめれば、単なる「村の青年団」のような存在であって、バトラーには事実上、何の軍事経験もなかった。しかしバトラーは、そういう地元民兵団をコアとした部隊を率いて北軍入りし、開戦から間もない1861年5月、リンカーンより将軍の地位を与えられている。

このような、自らの政治力でもって義勇兵の動員を行い、その功績として高級将校の地位を与えられ、そのまま戦場で戦った人々のことを「政治家将軍」と呼び、これは北軍にも南軍にも存在した（1860年大統領選挙における南部民主党の候補、ジョン・ブリッキンリッジも、内乱勃発後は南軍の将軍となった）。特に戦争初期、軍隊を一からつくる段階において、こうした政治家将軍たちの地域への影響力は無視できなかったから、北軍も南軍も、かなり景気よく将軍の地位などをバラまいている。

しかし当然の話ではあるが、こうした政治家将軍の軍事指揮官としての能力は、クラーク博士のような一部の例外を除いて極めて低かった。彼らは戦場でさまざまな失態や敗北を重ね、徐々に戦いの現場から排除されていく。バトラーも当然、その例に漏れなかったのだが、しかしいきなり南部民主党を裏切ったような「政治センス」は、内戦のなかで時折、特筆すべき輝きを見せた。

南部バージニア州沿岸部ハンプトンの町は、南北戦争開戦の直後から北軍が侵攻してその支配下に置いていたが、そこにあるモンロー要塞という拠点の守備隊を任されていたのが、ほかならぬバトラーだった。そしてこの南部のなかにある北軍支配地域をめざして、黒人奴隷たちが逃げ込んでくるという事態が発生した。つまり、自分たちは非道な奴隷農園主のもとから逃げ出してきたので、北軍による保護と、自由人となる道を求めたいというのである。

実はモンロー要塞に限らず、南北戦争勃発後に南部へ進出した北軍部隊の周辺では、同じようなことが続発していた。奴隷制の是非を大きな争点として起こったものが南北戦争である以上、南軍が敗れれば奴隷制度はなくなるはずであり、また北軍の陣営に逃げ込めば、いち早く自分は自由人になれると考えた黒人奴隷は数多かったからだ。

ところがリンカーンは特に戦争前半、こうした黒人たちにあまり温情ある対応を取らなかった。問題は境界州だった。南北の中間位置にある、北部につくか南部につくか決めかねている諸州の動向は、戦争全体の行く末を左右する大問題だった。そして、境界州のすべては、政治的には奴隷制度を合法とする州だった。それで戦争初期、リンカーンは境界州を無用に刺激しないため、南北戦争の大義として「奴隷解放」といったことを声高に叫ぶのを避ける傾向があった（戦争初期のリンカーンは、南北戦争の大義について「アメリカの連邦制度を勝手に破壊して独立した南部連合を許すことはできない」といったロジックを用いることが多かった）。

実際に戦争初期、リンカーンは一部の北軍の将軍が、侵攻した南部地域で勝手に「この地域の奴隷を解放する」などといった布告を出しているのを、強く制止するといったこともしていて、共和党内の一部には「リンカーンは南軍のスパイなのではないか」といった不満を漏らす者さえいた。しかし、リンカーンの真意はすでに述べたように、内乱初期の難しい政治状況のなかで、境界州を何とか北部陣営に留めたいというものだったのである。

しかも当時のアメリカ合衆国には、１８５０年に成立した逃亡奴隷法という法律があった。

名の通り、南部の奴隷農園から逃げ出した黒人奴隷は、農園主の私有財産としてもともといた南部の地に送り返されねばならず、逃亡奴隷を捕まえた者には賞金も出るといった内容の法律で、これは南北戦争勃発後も廃止されていたわけではなかった（１８６４年６月に廃止）。よって北軍部隊が逃げ込んできた奴隷を勝手に自由人などにしたら、北部に残存した南部民主党勢力コッパーヘッズが騒ぎ出し、政治問題化する危険性もあった。しかし、政治家将軍バトラーは、この問題の対処に実に見事な政治的センスを発揮する。

黒人部隊創設で見せた政治的センス

１８６１年5月27日、バトラーは自分が守備するモンロー要塞に逃げ込んできた黒人奴隷たちに対し、「君たちは戦時禁制品（コントラバンド）である」と告げる。つまり、この奴隷たちは北軍が進出した南部地域で押収した、南軍勢力の物資のようなものであり、ゆえに今後も北軍が手放すことなく、その管理下に置く、すなわち事実上の自由人として扱うと言ったのである。

一見、黒人の人格、人権を無視したひどい対応のようだが、そもそも南部側は最初から黒人奴隷に人権を認めておらず、ゆえにそれを私有財産とみなす逃亡奴隷法も成立している。

だから北軍サイドも、黒人奴隷は南軍勢力が持っている「物資」とみなし、戦時下の対応としてそれを押収する、南部には戻さないとバトラーは言ったのである。逃亡奴隷法の論理をアクロバティックに骨抜きにしてみせる、彼の政治的センスのたまものだった。これによってその後、さらに多くの南部の黒人奴隷たちが自由を求め、手近の北軍支配地域へ駆け込むということが起こっていく。

黒人問題に対するバトラーの政治的手腕としてもう一つ語るべきものに、黒人部隊の創設がある。1862年9月、彼は南部ルイジアナ州のニューオリンズ守備隊を任されていたが、その地で北軍初となる黒人部隊を創設するのである。黒人による部隊創設は南北戦争開戦当初から北軍内で構想されてきたことではあったが、境界州への配慮や、また北部にも根強くあった黒人への偏見（白人に比して能力が低いのではといったことが公然と語られていた）などから、なかなか話が進んでいなかった。しかし、開戦から1年以上がたったその時期、バトラーは境界州情勢の安定や、北軍支配圏内に逃げ込んでくる黒人奴隷の増加などといった状況全般を踏まえ、自分の支配地域であるルイジアナ州において、ほぼ独断専行のような形で黒人部隊を創設する。

アメリカ政治外交史が専門の中野博文はこのバトラーの決断について、「正規軍の軍人であれば、逃亡奴隷の解放や黒人の軍への志願の許可など、陸軍省の裁可を得なければ、絶対にできない」（『暴力とポピュリズムのアメリカ史』）ところ、バトラーはその政治力で見事にやり切ったと評している。このようなバトラーの動きが、１８６３年1月の、リンカーンによる奴隷解放宣言につながり、北軍の大義が明確に「黒人奴隷解放」へスライドしていくのをサポートした。

ただ、すでに述べたようにバトラーの軍人としての能力にはかなり問題があった。

前述のように、バトラーはルイジアナ州ニューオリンズの防衛責任者をしていたことがある。そのとき、北軍の進出を快く思わない女性市民たちが、しばしばバトラー部隊の兵士たちへ、からかいのような罵声を浴びせた。バトラーは憤然とし、「そのようなことをする女性たちは『職業に精を出す女性』とみなす」、つまり売春婦と同等に見なして逮捕するといった布告を出した。これは占領地の市民感情をいたずらに傷付けるものだとして、南部でも北部でも評判が悪かった。また真偽のほどは不明だが、バトラーは占領地の南部人の家に侵入しては、銀食器など金目のものを個人的にくすねるクセがあるなどと言われていた。こうしたよくない態度から、南部人はバトラーに対し「ビースト（けだもの）」というニックネームを付け、忌み嫌った。

また、バトラーは戦場に出ては、ほとんどいいところがなかった。特に1864年5月に行われたバミューダ・ハンドレッド作戦で、バトラーは3万3000の兵を擁しながら、1万8000の南軍、G・T・ボーリガード将軍の部隊に翻弄され続けた。後日、北軍総司令官のユリシーズ・S・グラント将軍が書き残したところによると、バトラーの部隊は「コルク栓でビンのなかに封じられた」ような存在になってしまって何ら評価できるような活動が行えず、グラントを失望させている。

すでに述べたように、リンカーンはその政治的立場からかなりバトラーを擁護していたのだが、バミューダ・ハンドレッド作戦での失態以降、バトラーは前線からは離れた。

南北戦争後のバトラーは、合衆国下院議員やマサチューセッツ州知事などを務め、政治家としてはまずまず成功した人生を送った。しかし、同時に汚職や詐欺事件に関わっていたなどとして、告発される経験もしている。バトラーはそうした、自分が関与した疑惑があるとされた汚職裁判で法廷闘争を繰り広げていた最中の1893年1月、急性気管支炎のため74歳で死去した。

第4章

海の戦い

南軍　ラファエル・セムズ

Raphael Semmes

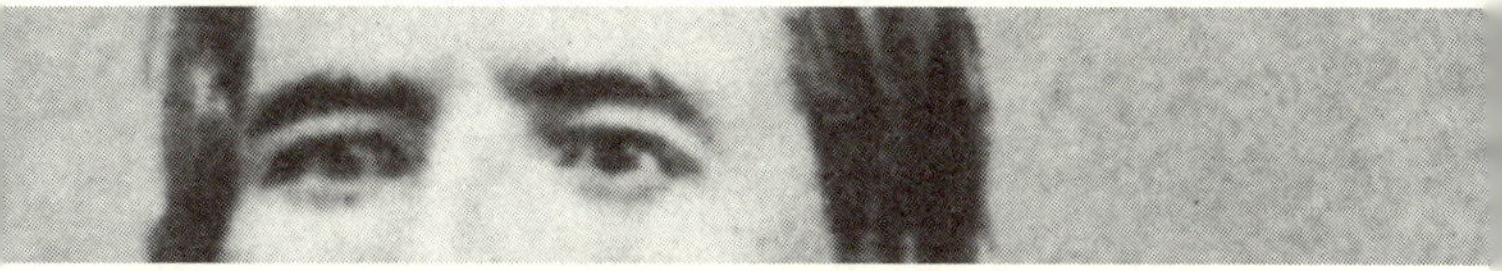

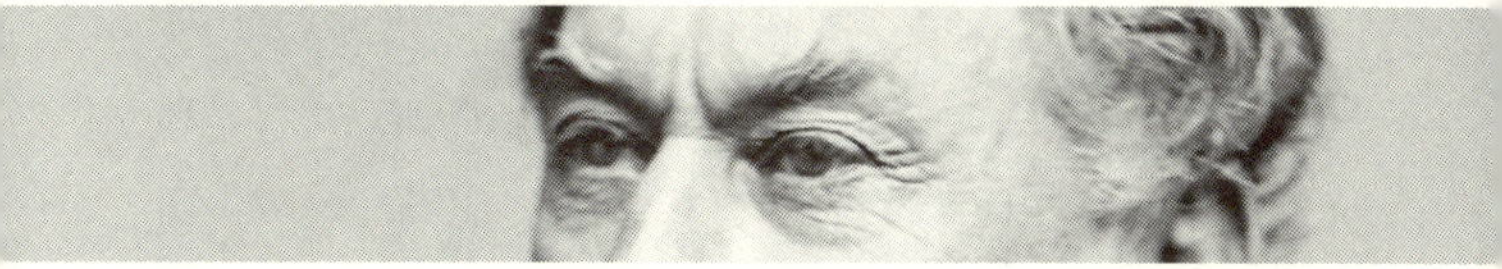

David Glasgow Farragut

デビッド・G・ファラガット　北軍

アメリカという一つの国のなかで行われた内乱である南北戦争は、必然的に北部と南部に分かれた州の間での陸戦が主な戦いとなり、海軍の活動は、比較的目立たなかった。しかし、それは南北戦争における海軍の活動が重要でなかったことを意味するものではない。

そもそも当時のアメリカ南部では、奴隷プランテーション農園による綿花栽培が唯一最大の主要産業で、その綿花は基本的に、ヨーロッパに輸出されていた。そうなると、その南部からヨーロッパへの綿花輸出を止めることができれば、南部経済はそれだけで破綻してしまう。そういう着眼点から、北軍は内乱勃発の直後から、南部連合領の沿岸に、海軍による海上封鎖網を構築することを考えた。

この海上封鎖網は1863年ごろまでに実に強固なものが完成し、北軍の目論見通り、南部の経済に大打撃を与える。南部経済は滅茶苦茶なインフレに襲われ、終戦直前ごろの南部の国民生活は、ほとんど破綻に近いところにまで追い込まれていた。実際、南北戦争において北軍は、戦闘ではなくこの海上封鎖で南軍に勝ったのだと語る歴史家も、アメリカにはいるほどである。

しかし、南軍としても、そういう状況を黙って見ていたわけではない。経済力に劣る南部は、北部と建艦競争を行うことはできず、その海軍は常に小規模だった。しかし、南部海軍は、当時の先進的装備である蒸気機関や金属装甲を積極的に自前の軍艦に搭載し、いわば一点豪華主義のような形で、北部海軍の海上封鎖網に穴を開けようとした。かつ、特筆すべきは通商破壊艦の活用だった。南部海軍からイギリスなどに軍艦の建造を依頼し、その艦はアメリカにおもむくことなく、世界中の海で活動していた北部の商船や捕鯨船を襲撃。北部海軍の動揺を誘って世界各国にそのための対策艦を派遣させて、海上封鎖任務に就く敵艦の数を減らそうという試みであった。

この南部海軍による通商破壊艦の運用は、北部海軍を壊滅させることは当初から狙いようもなかったが、かなりの動揺を敵に与えていた。なかでもアフリカ沿岸やアジア近海にまで出没し、70隻もの北部艦船を撃沈した、CSSアラバマのラファエル・セムズ艦長の偉業は、南軍の歴史全体のなかでも特筆すべきものとして記憶されている。

しかし、南北戦争における海での戦いは、基本的には北軍が主導権を持ち続けていたものだった。特に北部海軍の海上封鎖網をつくり上げる過程において抜群の働きを示した、デビッド・ファラガット提督の偉業はよく知られており、その猪突猛進、積極果敢な攻撃精神は、今でもアメリカ海軍全体が仰ぐ模範だともされている。世には、このファラガットについて、イギリス海軍のホレーショ・ネルソン、そして日本海軍の東郷平八郎と並ぶほどの存在であるように呼ぶ向きさえある。

南軍

ラファエル・セムズ

智勇兼備を誇った「海の悪魔」

Raphael SEMMES
1809-1877

小説家に匹敵する文才

アメリカ南部連合海軍の軍人だったラファエル・セムズは、1809年、南部メリーランド州に生まれた。セムズの青年期、まだアメリカには正式な海軍兵学校が存在しておらず（アナポリス海軍兵学校は1845年設立）、彼は南部の各地にあった私設軍事学校の一つ、シャーロットホール軍事学校に学び、1837年、正式にアメリカ海軍の士官となっている。セムズが初めて戦場におもむいたのは米墨戦争で、港湾都市ベラクルスの封鎖・上陸作戦などに従事した。

米墨戦争後、セムズはアラバマ州の港湾都市モービルに転属となり、そこで同戦争に従軍した時の回想録を書いた。セムズは後に「海に関する文章の書き手としてはハーマン・メルビル（小説『白鯨』の作者）に似る」とまで言われたほどの文才の持ち主で、この回想録のヒットでアラバマ州内ではちょっとした名士となり、同州内に「セムズ」という名前の町が出現するほどだった。

またセムズは、同時代のアメリカの海洋学者、マシュー・モーリー（海洋学の創始者）に大きな影響を受けた人物で、軍人として暮らしながら、海上地理や海上測量の研究に没頭。また国際法に関する知識も非常に深かったといわれている。

そして1861年4月に南北戦争が勃発するや、セムズは故郷である南部のために合衆国海軍を辞し、南部連合の海軍軍人となる道を選ぶ。

南部の海軍とは何だったのか

ところで、南部連合が北部合衆国から離脱して、その新国家の陣容を整えていこうとしたとき、特に問題となったのが「海軍をどうつくるのか」という話であった。このころ（19世紀）の陸軍というものは、戦車やヘリコプターなどが必要あるわけでもなく、何とか人数を集めて個々に銃を渡せば、それで一応体裁が整う部分もあった。しかし海軍には軍艦が必要だ。その建造には、かなりの時間や資材などがいる。また海軍軍人とは、そうした軍艦の操作や航海術などに長けた、一種のエンジニアであり、短期間で育成できるものでもない。

もちろん、南北戦争とは北米大陸に存在するアメリカ合衆国が2つに分裂し、争われた内乱なので、その主要な戦いのほとんどは陸戦だった。戦争の全期間を通じて、戦局全体の運命を決する艦隊決戦が行われたような事実もない。そういう意味で南北戦争時の海軍とは、北軍においても南軍においても、戦争の脇役のようなところがあった。しかし、それは南北戦争において、海軍が無用な存在だったことを意味するわけではない。特に南部連合海軍とは、そのたった4年の歴史のなかにおいて、「ゼロから」どころか、ほとんど「一から」立ち上がり、強烈な印象を世の中に与えて去った、まさに彗星のような存在だった。

アメリカ南部連合国大統領、ジェファーソン・デービスに仕えた海軍長官の名を、スティーブン・マロリーという。南部大統領のデービスは、ウェストポイント陸軍士官学校卒、元陸軍長官という軍事通で、個人としての性格は教養深い紳士だった。しかし、国家指導者としてのデービスは、しばしば独断でさまざまなことを決めたがり、部下たちに権限を委譲するようなことを非常に嫌う人物だった。彼は各種の政策や軍事作戦について、その実に細々とした部分まで自分が直接指導しようとし、ひどいときには下士官の人事にまで口を出していたのだという。

当然、南部連合国の閣僚や高級将官らは、デービスとモメにモメた。特にデービスの内閣においては、戦争が始まった1861年から終戦の65年までの間に、戦争指導の要である陸軍長官が5回も替わっている。また司法長官は3回、国務長官と財務長官はそれぞれ2回替わっていて、いかにデービスが部下と円滑な関係をつくることができなかったかを表している。そんななかで、デービス政権において一度も更迭人事のようなことが行われなかった役職が、副大統領と郵政長官と海軍長官だった。

このうちのアレクサンダー・スティーブンス副大統領は、実は「南部連合内の公然たる反政府勢力」とまで言われたほどに、デービスと対立していた人物だった。しかし、アメリカの政府機構において副大統領職は北部でも南部でも閑職で、デービスとしてどうしても辞任させなければいけないような存在ではなかった。またジョン・レーガン郵政長官は、南部連合政府内では珍しくデービスの人柄を尊敬し、心服していた人物で、デービスも特に彼とモメるようなことはなかった（ただ郵政長官とは、戦争のあり方に大きな影響を与えうるような役職ではなかった）。そしてスティーブン・マロリー海軍長官なのだが、彼は南北戦争の開戦前から、非常に温和で紳士的な人物との評判が高かった男で、その忍耐力と人あたりのよさで、気難しいデービスと奇跡的にうまくやれていたという存在だった。そしてマロリーは、ただ「いい人」というだけではなく、ずば抜けて優秀な政治家でもあった。

マロリーは南北戦争前、南部フロリダ州選出の合衆国上院議員として活動していた人物で、奴隷制をめぐって南北の政治家たちが激しく論争を行うなかにあって、その双方から信頼される穏健派として知られていた。一方で彼は上院の海軍委員会に所属し、アメリカ政界のなかでも海軍関係の政策に精通した議員でもあった。

南北戦争前夜の19世紀中ごろとは、軍艦の建造技術が飛躍的な進歩を見せた時代だった。

軍艦に限らず、それ以前の時代の船は、木造の帆走船が当たり前だった。しかし産業革命を経て、金属の船体・装甲を持ち、蒸気機関の力で動く船が世界の海を駆けめぐる、革命的な時代がやってきたのである。

けれども新技術とはどんな時代にあっても、すんなりと世の中に受け入れられるわけではない。例えば当時にあっては、「金属で船をつくると、重くて沈んでしまう」とか、「蒸気機関は故障する可能性があるが、風は絶えることがないので、帆船のほうが信頼できる」とかいったことが、知識人たちの間でもごく普通に語られていた。よって軍艦に金属装甲や蒸気機関を採用するといった話も、アメリカに限らず、世界でスムーズに進んでいたわけではない。しかしマロリーは、そんな当時にあって非常に先進的な意識を持った政治家で、アメリカ海軍の軍艦に金属装甲を施し、蒸気機関を搭載することについて猛プッシュしていた。そして、マロリーがそんな活動をしていたなかで南北戦争は起こり、彼は故郷のフロリダ州に戻り、南部連合国に奉職することになる。

1861年4月に南北戦争が勃発したとき、「アメリカ南部連合海軍」なるものは事実上、書類の上にしか存在していなかった。つまり、南軍の所有する軍艦などはほとんどなく、そこに所属する海軍軍人も極めて少なかった。海軍長官たるマロリーは考えた。もちろん南部連合国として、これから急ぎ軍艦を建造し、海軍軍人を育成していく必要があるわけだが、北部海軍とは規模の面で最初からかなりの開きがあり、正面から勝負しても仕方がない。そうであるならば、南部海軍はある意味での一点突破を図るしかない。北部海軍も、現状では大規模な内戦を行えるほどの規模は備えておらず、かつその保有する軍艦には、まだまだ木造の帆船も多い。ならば南部海軍は徹底して金属装甲や蒸気機関を取り入れた軍艦の建造に注力して、質の面で北部海軍を圧倒すればいいのだ、と。

そのマロリーの構想が最初に大きな結果となって現れたのが、1862年3月に行われた、ハンプトンローズ海戦だった。

南北戦争が勃発した直後のことである。南部バージニア州にあった北部合衆国所有のゴスポート海軍造船所では、北部の軍人たちがその施設を放棄し、北方への撤退を始めていた。その後にそのゴスポート海軍造船所を接収した南部海軍の関係者らは、そこに廃棄されていたUSSメリマック（USSとは「United States Ship」の略で、合衆国海軍所属の軍艦の意味）の船体を発見する。マロリーはその船体を改造して金属装甲を施し、南部海軍の軍艦にするよう命じた。そして1862年3月8日、USSメリマックは南部海軍所属の「CSSバージニア」（CSSとは「Confederate States Ship」の略で、南部連合海軍所属の軍艦の意味）となって生まれ変わり、進水した。当時の世界中の海軍を見渡しても珍しい、金属装甲を施された蒸気軍艦だった。

ＣＳＳバージニアはその日のうちに、バージニア州沖のハンプトンローズ海域に進出。そこに展開していた北部海軍の軍艦に戦いを挑んだ。ＣＳＳバージニアの金属装甲は、北軍の軍艦から発射された大砲の弾をすべてはじき返し、木造軍艦のＵＳＳカンバーランドを即座に撃沈。また同じく木造軍艦のＵＳＳコングレスを戦闘不能に追い込んだ。当時その海域にいた北部の木造軍艦たちは、このＣＳＳバージニアに対処することがまったくできず、知らせを受けた北軍上層部は恐慌状態に陥った。

翌3月9日、北部海軍が試験的に建造、運用していた金属装甲蒸気軍艦、ＵＳＳモニターが急いでハンプトンローズに駆けつけ、ＣＳＳバージニアと、世界初となる金属装甲軍艦同士の戦いに突入した。戦いは1時間近くにわたって続いたが、お互いの大砲はお互いの装甲を撃ち抜くことができず、引き分けに終わった（ただし戦闘後、ＣＳＳバージニアはハンプトンローズ海域から撤退したため、戦略的には北軍の勝利とされる）。

マロリーは、北部海軍に対して金属装甲、蒸気機関搭載の軍艦で押しまくるというその戦略方針に、自信を覚えた。そして南部海軍に属したもう一隻の伝説的な軍艦が、産声を上げようとしていた。そこに、ラファエル・セムズも大きく関わっていくことになる。

少数精鋭を体現する極めつけの優秀さ

1862年7月29日、イギリスはリバプールの造船所で建造されたばかりの商船「ナンバー290」が、試運転と称して海に出た。しかしナンバー290は、日暮れが近くなっても造船所に戻るそぶりすら見せず、沖のほうにどんどん進んでいった。そしてついに、ポルトガル領アゾレス諸島に到着する。その島で怪しげな商船に横付けされたナンバー290は、次々と大砲などを運び込まれて、商船から軍艦に姿を変えていった。さまざまな作業が進められた8月24日、ナンバー290に移乗してきた、20人ほどの軍服姿の男たちの代表者らしき人物が、こう宣言した。

「自分はアメリカ南部連合海軍のラファエル・セムズ大佐で、このナンバー290は、これから『CSSアラバマ』となる!」

また続けてセムズは、リバプールの造船所から、あくまで「商船であるナンバー290」の水夫としてやってきた、何の事情も知らないイギリス人たちに向かって、荒々しく呼びかけた。

CSSアラバマ

「これから、このCSSアラバマの航海に同行したいというやつはいないか？　もしついて来れば、英国海軍が水兵に出している給料の2倍の額を、金貨で払ってやるぞ！」

一瞬の間をおいて、水夫たちの中から轟くような歓声が上がった。そして彼らのうち85人が、セムズに付き合うと申し出たのである。

CSSアラバマは全長約67メートル。150馬力の蒸気機関を2基積んだ、単軸スクリュープロペラ推進の船である。金属装甲は施されていない木造軍艦だったが、蒸気機関と帆を併用すれば13ノットという、当時の船としてはかなりのスピードで航行することが可能だった。さて、それでは南部連合国のマロリー海軍長官は、このCSSアラバマを使って、ラファエル・セムズにどのようなことをやらせようと思っていたのか。

CSSアラバマが完成したころ、北部海軍はすでにその経済力、工業力にモノを言わせて、とにかくたくさんの軍艦を建造し、前線に送り込んでいた。北部海軍の基本戦略は、南部連合国の沿岸部分に海上封鎖網をつくり上げ、南部の貿易ラインをつぶすことにあった。アメリカ南部は、綿花プランテーション農業が主要産業で、黒人奴隷もその産業を回すために必要だった。その綿花をイギリスなどの海外に売ることで生計を立てていたのが、南部の奴隷農園主たちである。ならば、海上封鎖を行ってその貿易ラインを遮断してしまえば、南部連合は自然に崩壊するのではないかと、北部海軍は考えたのである。

この北部の構想は確かに正しく、南部連合国は戦争後半になるにつれ、戦場での勝敗以上に、この海上封鎖によって苦しめられていく。しかし、小規模な南部海軍に、正面から北部艦隊へ戦いを挑む余裕はない。そこで南部海軍長官マロリーは考えた。CSSアラバマのような高速船を建造して、ヨーロッパやアフリカ、アジアの海域にまで進出させ、そこで活動する北部合衆国所属の商船や捕鯨船を襲撃させればどうか。北部海軍としてそのようなことを放置することはできず、CSSアラバマを追って、彼らも世界中の海に軍艦を派遣せざるをえなくなるはずだ。そうなれば南部連合国沿岸部の海上封鎖線にも、自然とほころびが出てくるはずである、と。

ＣＳＳアラバマとは、そのような戦略構想のもとに造られた軍艦だった。もともと工業力にとぼしい南部連合国は自力で建造することが難しかったため、イギリスで極秘に造られたのである。そして、その重要な任務を託された存在こそが、南部海軍に身を投じた軍人のなかでも極めて優秀な人材との呼び声が高かった、ラファエル・セムズだった。

すでに述べたように、セムズは単なる海軍軍人である以上に、海洋学者顔負けの、海に関する知識を誇ったインテリだった。気象レーダーもＧＰＳもないこの時代に、セムズは潮の流れや風の向きなどを的確に読みながら、自分の周辺の海で何が起こっているのかを、鋭く感じ取ることのできる男だった。それでセムズは、ＣＳＳアラバマを駆って狙うべき北部の民間船舶がどこにいるかを正確に予想することができ、またその地点までどう自船を動かして行けばいいのかにも精通していた。また、獲物たる北部船を見つけるや、セムズの国際法の知識は、今、ここで、あの船を、本当に攻撃していいのかどうかを、きちんと判別することができた。

しかしセムズは、そうした知識人である一方、非常に荒々しく乱暴な性格の人物で、部下、特に水兵に関してはほとんど人間あつかいしている風がなく、その指揮ぶりは非常に厳格だったという。しかし、いわゆる海の男たちには、そういう荒々しい性格が逆に受けたようで、セムズの指揮してきた船は、常に抜群の戦功を上げ続けた。その象徴が、まさにCSSアラバマだった。

セムズがどういう指揮官だったのかをよく示す、こんな逸話がある。1862年9月、大西洋上で北部マサチューセッツ州の捕鯨基地エドガータウンを母港とする捕鯨船オクマルギーをCSSアラバマは捕獲するのだが、セムズはその船長、オズボーンと、戦前に面識があったことに気づいた。セムズは部下に拘束されて自分の面前に引き出されたオズボーンに対し、こんな言葉を投げた。

「あんた、エドガータウンから来たんだろう? 俺にはわかる。あんたみたいな野郎を探していたんだよ。あんな腹黒い、共和党の支配する町から来た野郎どもを、俺は許しておけないんだ。あんな町から来たものはすべて、焼き払ってやらなければならない」

そんな侮辱的な言葉をかけられるなかで、オズボーンもセムズが旧知であることに気付き、かつての縁を強調して許しを乞うた。しかしセムズはそれを一顧だにせず、オクマルギーに火を放った。

約2年もの間帰国せずに戦い続ける

ＣＳＳアラバマの活動に関して、まず結論を言ってしまうと、同艦は１８６２年8月に出撃し、１８６４年6月にフランス領海で沈んだ。その約2年の生涯で捕獲、撃沈した北部の船は、軍艦、民間船舶を合わせて70隻に上る。南部連合海軍は開戦から終戦までの間に、ＣＳＳアラバマのような通商破壊艦を合計8隻運用していたが、ここまでの成果をあげた艦はアラバマ、すなわちセムズのみである。

ＣＳＳアラバマの活動範囲は大西洋からカリブ海、ブラジル沖、アフリカ沖、インド洋、太平洋にまでおよび、結局「祖国」であるアメリカ南部連合国の港に一度も入ったことがないことを除けば、まさに全世界をまたにかける航海を行っていた。北部海軍はこのＣＳＳアラバマが、いま、どこにいるのかを血眼になって探し回り、決して彼らとて豊富にもっていたわけではない外洋航行能力のある高速の新鋭艦を、世界各地に派遣していた。つまり南部連合海軍長官マロリーの期待に、セムズは見事すぎるほどに応えた。マロリーにとってセムズは、まさに神がつかわした逸材のように見えただろう。そして北部で海の仕事に就く人々は、ＣＳＳアラバマの名を聞いただけで震えあがるような状況にもなっていき、セムズには「海の悪魔」といったニックネームが付けられるほどだった。

1864年6月、英仏海峡に突き出たフランスの港町シェルブールに、突然「神出鬼没のCSSアラバマ」が姿を現した。セムズはもう、アラバマはここらが潮時だとわきまえていた。初出撃以来、一度も祖国の港に入ることなく、まともな点検、修理も受けず、戦いに戦いを重ねてきた。見る人間が見れば、シェルブールに入港するアラバマは満身創痍《そうい》で、廃船寸前でさえあると気づけた状態だった。

フランスはアメリカ南北戦争に対して、中立宣言を出していた。よってセムズはフランス政府から72時間以内の退去を求めると通告された。セムズはそれに、特に抗弁することもなかった。

「CSSアラバマがフランスに」の報は、すぐヨーロッパに駐在する北部合衆国の外交官たちの耳にも届いた。イギリスに停泊中の北部海軍USSキアサージがフランスに急行。同じころ、アラバマの退去期限も迫っていた。6月19日、アラバマはゆっくりとシェルブールから出航し、沖合で待つキアサージに向かっていった。しかし、お互いの船の整備状況などから考えても、勝負は最初から決まっていたようなものだった。戦いは十数分で決し、アラバマは海の藻屑《もくず》となった。このとき、シェルブールから、セムズ以下、主要な将校たちを収容した1隻のヨットがスルリと現れ出て、そのまま沖合へすばやく去った。このようなこともあろうかと、南部海軍のエージェントらが事前に用意していた脱出艇で、キアサージは結局アラバマの、何の事情も知らない水兵たちしか捕まえることができなかった。

セムズはカリブ海を経由して、テキサスから祖国アメリカ南部へ帰還した。彼は南部の人々から英雄として迎えられ、1865年2月に提督に昇進。金属装甲艦CSSバージニア2を擁するジェームズ河艦隊の司令に任じられる。しかし、その2カ月後には南部連合自体が降伏して終戦となるタイミングであり、何をすることもできなかった。

戦後、セムズは北軍によって一時拘束され、さまざまな取調べを受けるが、どれだけ北軍が粗探しをしても、セムズ個人の行動は国際法上、合法なものばかりで何の罪にも問えず、釈放となった。セムズは戦後、大学教授や新聞の編集者、地方裁判所の判事などを歴任。また、CSSアラバマを指揮した時代の回想録も出版して、南部の名士としての名声を保ったまま、1877年に食中毒で死んだ。67歳だった。

北軍

デビッド・G・ファラガット

ネルソン・東郷と並ぶ、アメリカ海軍の至宝

David Glasgow FARRAGUT
1801-1870

世界史上特筆すべき海軍提督

大日本帝国の海軍大将だった山梨勝之進は著書『歴史と名将』のなかで、世界史上に特筆すべき海軍提督として、イギリスのホレーショ・ネルソン、日本の東郷平八郎のほかに、アメリカのデビッド・Ｇ・ファラガットの名を挙げている。

ネルソンとはナポレオン戦争中の１８０５年、トラファルガー沖海戦でフランス・スペインの連合艦隊を撃破し、ナポレオンのイギリス侵攻の野心を砕いた人物である。また東郷は日露戦争中の１９０５年、ロシアのバルチック艦隊を日本海海戦で打ち破り、この戦争における日本の勝利を決定的にした功績で知られる。

一方、ファラガットは南北戦争中の北軍にいた海軍指揮官だが、ネルソンや東郷のように、大規模な艦隊決戦で華々しい勝利を収めたといった、「わかりやすい功績」はない。そもそも、南北戦争中の南軍は最後まで大規模な海軍を保有することができなかったため、「戦争の行く末を決める一大艦隊決戦」のようなものは、内乱の全期間を通じて特に行われなかった。ではいったい、この南北戦争で活躍した「世界最良の海軍提督」の一人、ファラガットの武勲とは、いかなるものであったのか。

デビッド・グラスゴー・ファラガットは１８０１年、アメリカ合衆国南部のテネシー州に生まれた。つまり、南北戦争が始まった年の1861年には60歳を迎えていた人物で、当時の平均寿命などから考えれば、相当な高齢者であった。

彼の父親であるジョージ・ファラガットはスペインから移民してきた人物で、アメリカ独立戦争に海軍軍人として従軍、その後も長く海軍に勤めていた。ファラガット家は、この家長のジョージの仕事の関係であちこちへの引っ越しを繰り返していて、その息子、デビッド・ファラガットは前述したように南部のテネシーで生まれてはいるのだが、南部への熱い忠誠心のようなものは、特に持たなかったらしい。南北戦争勃発時には、迷うことなく北部合衆国の側で戦うことを決断している。

このジョージ・ファラガットには、家族ぐるみの付き合いをしていたデビッド・ポーターという海軍軍人がいた。ポーターは友人の息子であるデビッド・ファラガットを大変かわいがっていたそうで、デビッド少年にアメリカ海軍へ入隊するよう勧めた。それで彼は、何と9歳にしてUSSエセックスという軍艦の乗組員になるのである。1810年のことで、建国から間もない時代の、アメリカのおおらかさのようなものを感じさせる話ではある。そして、それからすぐの1812年に起こった米英戦争が、軍人デビッド・ファラガットの初陣になった。

ファラガットはその後も、カリブ海の海賊討伐や米墨戦争への従軍など、さまざまな実戦経験を重ねて、海軍軍人として出世していった。そうして彼は1861年の南北戦争開戦を迎えるわけであるが、前述したように、そもそも父親からして転勤族のような人間で、ファラガット自身も船乗りとして少年時代以降、一カ所にとどまらない人生を送ってきたわけだから、特に個人としての出生地が南部であろうと、南軍に入隊するような意思はなかったようだ。北部には南北戦争中、「ファラガットは南部のスパイではないか」と疑う人々が常にいたそうだが、ファラガットは意に介さず、北軍軍人として戦い続けた。

北部海軍の構想

ところで南北戦争において、北部海軍は基本的にどのような戦略構想のもとに南軍と向かい合ったのだろうか。南北戦争における南軍、すなわちアメリカ南部連合国とは、内乱勃発直前の1861年2月4日に「独立」を宣言した新国家で、議会も官庁も軍隊も、その段階からあたふたとつくられていったような集団だった。その南部連合国を構成するアメリカ南部の各州は、程度の違いはあれ、おおむね黒人奴隷制度に立脚した綿花プランテーション農業を主要な産業としていて、工業力にはとぼしかった。よって、南部は軍艦を次々に建造するような能力にも欠けていて、開戦当時の南部海軍の保有軍艦数はわずか40隻ほど（そのうちすぐ各種の任務に投入できる状態のものは十数隻程度だったという）。戦争末期でも100隻くらいでしかなかった。

一方の北部海軍だが、開戦当初の陣容こそ保有艦数約100隻、すぐに実戦投入可能なものが40隻程度といったものだったが、その工業力にモノを言わせて、次々と新造艦を就役させていった。戦争終結時の北部海軍は、671隻もの軍艦を保有していたのだという。

こうなると基本的に、北部海軍と南部海軍は最初からケンカにならない。南部海軍の側は、主要な沿岸都市の防備や通商破壊活動などを行うのがやっとというような状態で、例えば大規模な艦隊を仕立てて北部海域へ進攻するようなことは、戦争中に1度も試みられなかった。

それでは北部海軍の側は、南北戦争をどのような戦略構想のもとに戦ったのか。その答えは、南部に対する海上封鎖作戦だった。

すでに述べたように、南部の主要産業とは綿花プランテーション農業である。そこで産出された綿花は、基本的にはイギリスの紡績事業者などへ向けて輸出され、そうして得た外貨で南部経済は成り立っていた。つまり北部海軍が南部の大西洋沖に海上封鎖網をつくり上げれば、南部から出発する貿易船はヨーロッパ方面に到達できない。そうなると、南部は経済的に干上がってしまう。

この理屈自体は単純明快なもので、北部合衆国大統領のエイブラハム・リンカーンは、内乱勃発直後からこの海上封鎖作戦の構想を発表している。当初は北部海軍も、使える軍艦の数が少なかった関係などからなかなかうまくいかなかったが、戦争中盤以降はかなり強固な封鎖網ができあがっていった。南部経済は滅茶苦茶なインフレとなって破綻を来し、この海上封鎖作戦は最終的に、純粋な戦闘作戦以上に南部を追い込んでいく。

ところでこの海上封鎖作戦なのだが、単に南部地域の沖にずらりと北部海軍の艦艇を並べてさえいれば、それでいいというものではなかった。この封鎖作戦を遂行するにあたって北部合衆国の海軍省が特に現場部隊へ要請したのが、南部連合領の一部沿岸都市に強行的な敵前上陸を敢行し、それらを占領していけというものだった。これは特に、封鎖作戦に従事している艦船への補給に関連する問題だった。

どういうことかというと、まず北部海軍の海上封鎖作戦とは、すなわちヨーロッパ方面に向かう南部の貿易船を取り締まることが仕事だった。つまり、夜間であろうと風が吹かない日であろうと、軍艦を南部連合領の沖合に展開させておく必要があった。また、取り締まるべき貿易船などを見つけたら、北部海軍の艦艇はすぐ方向転換などをして、追いかけなくてはならなかった。ようするに、封鎖任務は風任せの帆船には荷が重く、蒸気船を主体にしなければ成り立たなかった。

となると、蒸気船は石炭で動く。軍艦に積んだ石炭が尽きるたびに封鎖艦隊が北部へ帰還していては、大変な時間的ロスとなる。それを解消するために、南部連合領の沿岸部にいくつか北軍の拠点を設け、そこに石炭などを集積し、補給基地として活用すべきではないかという話になったのである。

またもう一つ、灯台の問題もあった。軍艦であろうが民間商船であろうが、古今東西、「自分の船は今どこにいるのか」ということの把握なしに、船で航海を行うことは非常に危険である。レーダーもGPSもない時代、船員たちはそれを天体観測や、沿岸の灯台の火を見ることで計算し、割り出していた。そして南部連合国は内乱勃発直後から、自領内にある灯台を次々に破壊して回っていた。それによって、南部連合領の沖合で北部海軍の艦艇が活動しにくくなることを狙ったのである。自分たちの海上部隊も確かに不利にはなるが、もともと南軍側に大した規模の海軍はない。よって北部海軍の行動を邪魔できるメリットのほうが、南部海軍の不自由さというデメリットを上回ると考えられたわけだ。そういうところから、北部海軍は南部連合領の一部沿岸を占拠し、そこに灯台を再建して、自分たちの艦艇を航行しやすくする必要があった。

　以上のような理由から、北部海軍による海上封鎖作戦には、「南部連合領の一部沿岸都市に強行的な敵前上陸を敢行し、それらを占領する」というオプションが、必須のものとして付随することになる。

ニューオリンズ攻略作戦

　この南部連合領への強行敵前上陸作戦だが、多くの場合、かなりスムーズな形で成功していった。繰り返すように、そもそも南部側には大した規模の海軍がなかったため、北部海軍による上陸作戦を事前に察知することも、食い止めることもできなかった。また特に戦争前半、その敵前上陸作戦の対象となったノースカロライナ、サウスカロライナ、ジョージア、フロリダといった南部諸州は、戦争全体のなかの重要な戦線ではなかったので、陸兵にしてもそう大規模な部隊は置かれていなかったからだ。

　そして、この敵前上陸作戦のなかでも特に重要なものとして北部海軍が見定め、実行されたのが、1862年4月下旬から決行された、ルイジアナ州ニューオリンズに対する攻撃だった。

ニューオリンズを望む北軍艦隊（1862年）

ニューオリンズは南部諸州を縦貫するアメリカ一の大河、ミシシッピ川の河口に位置し、南北戦争開戦当時の人口は約12万人という、南部最大の都市であった。発達した鉄道網も自動車もないこの時代、その支流まで含めたミシシッピ川の流れは、南部経済の大動脈とも言える重要な物流網だった。南部各地で生産された綿花も、ミシシッピ川を通じてニューオリンズに集積され、出荷されていくというのが一つのお決まりのルートで、この街を北軍として掌握する戦略的な意味は大きかった。

このニューオリンズ占領作戦を担当することになった北部海軍の部隊を、西部湾岸封鎖艦隊といって、その司令官がデビッド・ファラガットだった。北部海軍による強行敵前上陸作戦は、その多くが成功裏に終わったと前述したが、さすがにニューオリンズは勝手が違った。ニューオリンズの河口には――民間から徴発して無理矢理軍艦に仕立てたようなものも含まれてはいたものの――十数隻程度の南部海軍の艦艇が陣取っていたし、特にミシシッピ川がメキシコ湾へ流れ込むそのポイント周辺に、ジャクソン要塞とセントフィリップ要塞という2つの防御施設が備えられていて、海からの攻撃に備えていた。

大昔から現代にいたるまで、沿岸要塞と軍艦が撃ち合った場合、基本的には沿岸要塞のほうが有利になると言われている。陸上の要塞には通常、軍艦よりも強固な防護壁を構築できるし、レーダーそのほかの観測機具も、軍艦に搭載するものより大型で高性能なものを備えられる。また軍艦は、その船体のどこかに強烈なダメージを食らえばすべての戦闘能力を喪失する危険性があるが、要塞はピンポイントで砲台を沈黙させるのでもない限りは、相当なダメージをうけながらでも戦える。そういう意味で、ニューオリンズ攻略はファラガットの目の前に相当な難題として立ちふさがっていた。

ところでファラガットの西部湾岸封鎖艦隊に、デビッド・ディクソン・ポーター大佐という人物が加わっていた。ファラガットをアメリカ海軍に入れたデビッド・ポーターの息子で、ファラガットの義兄弟といってもいい男だった。ポーターは、20隻ほどの軍艦に臼砲《きゅうほう》、つまり山なりの弾道を描いて目標を上面から攻撃できる大砲を積んでジャクソン要塞とセントフィリップ要塞に猛烈な砲撃を加え、これらを攻略しようという意見を唱えた。ファラガットは難色を示した。そもそも前述のように、軍艦が沿岸要塞と戦っても分が悪いからだ。しかしポーターはファラガットの頭越しに海軍省上層部にかけ合い、この砲撃作戦は実行に移されることになる。

ポーターは、海軍の大物だった父親の七光りや、それに基づくコネで、さまざまな横車を押す人物として知られており、本人自身は決して無能な人間ではなかったのだが、いわば大言壮語をする男として、政府や軍の一部からは嫌われていた。ポーターはその世評通り、「48時間以内にジャクソン要塞とセントフィリップ要塞を沈黙させる」と豪語して4月18日から猛砲撃を加えたが、結果から言うと、その目標を達することはできなかった。

ところでファラガットという人物も、義兄弟のポーターに似て控えめな性格ではなく、豪胆で言動は荒々しく、あまり我慢のきかないタイプだった。2日間にわたってポーターが猛砲撃を加えながら、何ら戦況が有利に発展しない状況を見てしびれを切らし、「わが艦隊はこのままニューオリンズの街に向かって突撃する！」と宣言した。無茶といえば無茶なのだが、ファラガットは４月20日、ミシシッピ川の河口に南軍が張った通行妨害用の鎖を２隻の軍艦を派遣して切断させ、ニューオリンズへの突撃路を切り開く。そして配下の17隻の船を３つの縦陣に組んで、４月24日の午前２時、闇夜のなかでニューオリンズに向けて突っ込んだ。

ファラガットの艦隊は、船体のあちこちに土嚢《どのう》やぶ厚くまいた麻布などを取り付けて防御力の増強を図り、また泥を塗るなどして、一種の迷彩をも施していた。南軍とて、ファラガット艦隊の突入に気付かないわけではなかったのだが、闇夜のなかで擬装された敵艦に効果的な攻撃を加えることはできず、ジャクソン要塞とセントフィリップ要塞は、ファラガット艦隊の通過を許してしまう。

これはファラガットとしても後から知ったことなのだが、このニューオリンズへの突入作戦が行われた当時、ミシシッピ川上流のケンタッキー州やテネシー州では、北軍vs南軍の陸戦が激化していて、南部連合上層部はそれへ対処するために、ニューオリンズの防衛隊からかなりの人数を引き抜き、それらの上流地域に送っていたという事実があった。北軍はニューオリンズ攻略自体は狙ってくるだろうが、ミシシッピ川上流からの南下作戦を最も警戒すべきであり、北軍が海から攻撃してくる可能性は低いと南軍は踏んでいた。よって、ニューオリンズには練度の低い兵ばかりが少数残されていただけだった。ポーターによるジャクソン要塞とセントフィリップ要塞への猛砲撃は、確かにそれらの要塞を破壊することはできなかったが、守備隊の士気をどん底に落としており、兵士が上官の命令にまともに従わないような状況にさえ陥っていたのだという。そして、ニューオリンズの街そのものにはまともな守備隊がおらず、突入してきたファラガット艦隊の前に降伏する。

運がよかっただけと言えばそれまでの話なのだが、かくして南部最大の都市ニューオリンズは1862年の5月までに、北軍の支配下に入った。

機雷をものともせず「全速前進！」

このニューオリンズ攻略作戦を終えた1862年7月、ファラガットは「リア・アドミラル」という階級に昇進した。ファラガットのために、新設された階級だった。アドミラルとはつまり提督のことなのだが、それまでのアメリカ海軍では「アドミラルなる言葉は権威的でイギリスっぽい」などといった理由から忌避感情があったとされ、アドミラルが存在していなかった。実際、ファラガットのそれまでの階級は「フラグ・オフィサー」というもので、

1853年に日本の浦賀に来たマシュー・ペリーも「コモドーア」なる階級だった。ややこしい話で、これらも日本語に訳せば「提督」とされる例が多いのだが、ともかく南北戦争以前のアメリカ海軍にアドミラルはおらず、その階級を初めて名乗る栄誉に浴したのは、ニューオリンズを陥落させたファラガットだったのである。

かくして北部海軍による海上封鎖網は、時がたつほどに強固なものとなっていき、南部の経済に、すなわち継戦能力に深刻なダメージを与えていくことになる。

南北戦争中のファラガットの武勲としてもう一つ語り継がれるものが、1864年8月に起こったモービル湾海戦である。このころ、南北戦争はすでに終盤で、南軍は全体的に力尽きかけていた。しかし、そんな段階でも北部海軍をいら立たせていたのが、南部の封鎖突破船の跳梁《ちょうりょう》だった。封鎖突破船とは、小型だが速力に富む船の船腹に積めるだけの綿花を積み、北部海軍の封鎖網を強引に突破してヨーロッパ方面に届ける、南部の貿易船のことである。実際はまともな貿易行為というより、荒くれ者たちの投機事業と言ったほうが近く、南部経済や戦争全体の状況にそう大きな影響を与えた形跡もない。しかし、南北戦争中の南部において、この封鎖突破船に関わる人々は、軍人と同等かそれ以上の英雄として遇されており、北部海軍にとっては極めて目障りな無法者たちだった。

モービル湾の戦い（1864年）

戦争の状況が進むにつれ、北軍は確実にこの封鎖突破船の出入港拠点を制圧していったのだが、1864年後半時点において、南部アラバマ州のモービル湾は、その封鎖突破船の最後の根城と言っていい存在だった。そのモービル湾の制圧に動いたのが、ファラガットだったのである。

軍艦18隻からなるファラガット艦隊がモービル湾沖に姿を現した1864年8月初頭、対抗する南部海軍が同湾に展開させていた軍艦はわずか4隻。ただし、モービル湾は3つの沿岸要塞に守られており、かつ、湾口には南軍が機雷をばらまいていて、簡単に攻略できるような様相ではなかった。けれども8月5日、ファラガットはここでまさにニューオリンズ攻略の再現のごとく、配下の艦隊に縦陣を組ませ、モービル湾への突入を命じた。怖気づく将兵の顔も見えるなか、ファラガットは自らが乗るUSSハートフォードの索具（マストを支えるロープ）に登り、そこに自らの体を縛り付けた。これに部下たちは、ファラガットの不退転の意気込みを感じた。

しかし、果たしてファラガット艦隊がモービル湾へ突入を開始すると、USSテカムセが機雷に当たって沈没した。その状況を見て、USSブルックリンが躊躇《ちゅうちょ》したように減速する。当然だが敵艦や沿岸要塞は、この機を逃すなとばかりに、ファラガット艦隊に向けて砲弾を次々と飛ばした。ファラガットはUSSハートフォードの索具の上から、ブルックリンに向けて「いったい何ごとだ！」と怒鳴った。それに対してブルックリンの艦長が、「機雷です」と返した。ファラガットは大声で怒鳴り返した。

「機雷がなんだ。全速前進！」

これにファラガット艦隊の士気は大いに上がり、損害を恐れることなく突っ込み、モービル湾は北軍の手に落ちた――という実に劇的な話は、南北戦争が終結した後に出回った読み物などから広まったもので、そんなファラガットの言動が本当だったのかどうかについては、歴史家たちの間でもいろいろと意見がある。しかし、ファラガットが猛烈な攻撃精神の持ち主だったのは事実で、その指揮のもとにモービル湾が陥落したのも事実である。そして「機雷がなんだ。全速前進！」の言葉は今なお、アメリカ海軍の精神を象徴するものとして語り継がれている。

ネルソンはトラファルガー沖海戦における「ネルソンタッチ」という戦法で知られ、東郷平八郎は日本海海戦の「東郷ターン」でその武名を不動のものとした。いずれも自分（指揮官）をあえて敵の砲火にさらすリスクを負いつつ、大胆な攻撃を行った例である。ファラガットもまた、そのあえてリスクを冒す勇気をもって彼らと並び称されている。

ファラガットは南北戦争終結後の１８７０年8月14日、心臓発作のため69歳で死去した。最期まで退役しておらず、生涯現役の海軍軍人だった。

第5章

戦局の転換

南軍　ジェームズ・E・B・スチュアート

James Ewell Brown Stuart

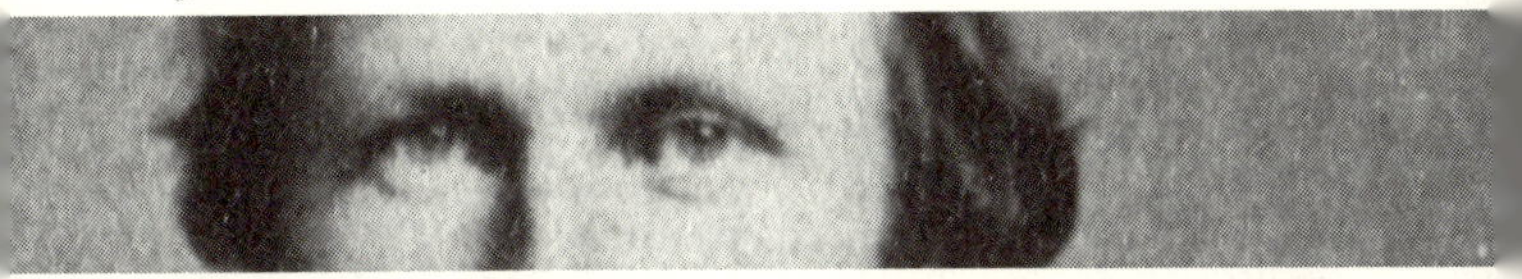

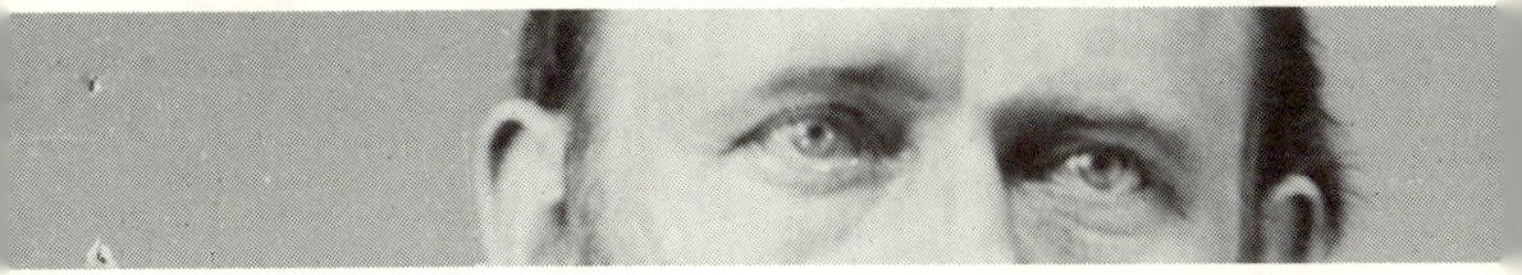

Ulysses S. Grant

ユリシーズ・S・グラント　北軍

1863年は、南北戦争の転換点になった年である。それまでの南軍による積極攻勢が止まり、以後、戦局は全体的に北軍が押す形に変わり、そのまま65年の終戦を迎える。

その転換点の象徴となった2つの戦いが、東部戦線で7月1～3日に行われたゲティスバーグの戦いと、西部戦線で7月4日までに終わったビックスバーグの戦いだった。

ゲティスバーグの戦いは、南部連合国首都リッチモンドを防衛する南軍部隊が、一つの賭けとしてあえて北部合衆国側に侵攻し、撃退された戦いだった。それまで確かに、南軍は東部戦線で北軍に対して優位に立ってはいたのだが、基本的にそれは「南部連合国領に侵攻してくる北軍を撃退する戦い」に勝ち続けていたという構図だった。しかし、それを続けていてもいずれはジリ貧に陥ると考えた南軍のロバート・エドワード・リー将軍によって、あえて南軍として北部合衆国領に侵攻するという策がとられ、そしていわばリーは賭けに負ける。

なぜ南軍がゲティスバーグの戦いに敗れたかの原因はいろいろとあるのだが、その大きなものの一つは、敵地に侵入していくなかで敵情偵察がうまくいかなかったことにあった。特に、それまで東部戦線における南軍の偵察部隊として大きな功績を上げていた騎兵隊長、ジェブ・スチュアート将軍の部隊が、リーの本隊とうまく連携できなかったことがあった。

例えばナポレオン戦争など、南北戦争以前の戦争において、騎兵は「戦場の華」などと呼ばれ、その存在や任務は非常に華やかなものだった。しかし、銃火器や作戦思想が進化した南北戦争の、特に中盤以降において、乗馬突撃など騎兵部隊の「派手な行動」は時代遅れになり、地味な偵察活動などがその主任務に移っていった。しかし、スチュアートは騎兵が戦場の華であることを望み続けていた人物で、そういう、いわば南部らしい騎士道精神に支えられていた南軍の戦い方が、徐々に通用しなくなったことをある意味で示したのが、ゲティスバーグにおける南軍の敗退だった。

西部戦線におけるビックスバーグの戦いは、それ以上の意味を持っていた。北部海軍の海上封鎖作戦と連携して、南部経済の大動脈だった河川交通の要・ミシシッピ川流域を制圧するための戦いがこのビックスバーグ戦で、その流域に建つ南軍の重要な拠点、ビックスバーグ要塞が北軍によって陥落させられたのである。この戦いを指揮した北軍のユリシーズ・S・グラント将軍は、実に半年以上をかけてビックスバーグ要塞を包囲し、そのなかで行われた個別の戦いで出る損害などに、あまり頓着しなかった。

「軍隊と軍隊が、まるで戦士のように荒野で決闘する」といった行動が「戦争」だと考えられていたそれまでの時代の常識を乗り越え、グラントは戦争全体の状況のなかで、政治状況も巻き込んだ形で、軍事部隊に何ができるのかを冷静に考えることのできる人物だった。そしてまさにこのグラントという人物が、南北戦争の状況を、いや世界の戦争の概念そのものを変えていくことになるのである。

ジェームズ・E・B・スチュアート

南部貴族の栄光とともに去った最後の騎兵将軍

James Ewell Brown STUART
1833-1864

英国貴族的に育てられる

南北戦争における南軍の騎兵指揮官に、自身がイギリス・スチュアート王朝の王族の末裔であると信じている人物がいた。それが事実であるかどうかのはっきりした証拠はどこにもないが、少なくとも、このジェブ・スチュアート（ジェームズ・ユーエル・ブラウン・スチュアートという長い本名の「James Ewell Brown」の頭文字を取り、「ＪＥＢ＝ジェブ」という通称を名乗っていた）は、そう固く信じていた。そういう思いも影響していたのだろう、彼は実に古風な価値観を持った、貴族的な人物だった。

アメリカ合衆国とは、イギリスの王権に立ち向かった英植民地の人々によってつくられた、自由と民主主義の国である——というのは、少なくともウソではない。そもそも北米大陸にあった英植民地は、ピューリタンなど、イギリス国教会（イギリス国王をトップとするイギリスの国教）とは相いれない信仰を持った人々、すなわち反英国的な気風を持った人々によって形成されてきたものだというのも、歴史の確かな真実である。しかし一方で、決して「それだけ」ではないのも、また歴史の事実なのだ。

後にアメリカ南部連合国という「新国家」を立ち上げて北部合衆国との内戦（南北戦争）を引き起こす、北米大陸南部にあった英植民地の主要産業とは、黒人奴隷を使ったプランテーション農業だった。それに適する非常に豊かな土地が、そこにあったからである。そういう土地に根を張って事業を成功させる才能を持っていたのは、国王の信任状をもって新大陸に乗り込んできた、英国貴族の関係者たちであった。バージン・クイーンと呼ばれたエリザベス1世にちなむバージニアや、ジョージ2世にちなむジョージアなど、アメリカ南部にそうした英国君主に由来する名の州が多いことは、その証拠である。

もちろん彼らとて最終的には、自分たちに理不尽な重税を課す英国政府に対して「代表なくして課税なし」のスローガンのもと立ち上がるのだが、そのアメリカを立ち上げた人々のなかにも「貴族的な面々」はいた。そしてそもそも、初代大統領のジョージ・ワシントンや、第3代大統領のトマス・ジェファーソンらも、本業は奴隷農園主だったのである。

ジェブ・スチュアートはそういうアメリカ南部のバージニア州で、1833年に生まれた。父親のアーチボルト・スチュアートは合衆国下院議員を務めた土地の名士で、広大な奴隷農園を所有する資産家でもあった。ジェブ・スチュアートは15歳になるまで学校に通ったことがなかったが、それは無学なまま過ごしたという意味ではなく、親が雇った家庭教師によって教育されていたからで、まさに貴族的な帝王学を授けられて育った。

「戦場の華」騎兵に命を懸けて

1850年にウェストポイント陸軍士官学校に入学したスチュアートは、人あたりがよく、鷹揚《おうよう》で親しみやすい、そういういい意味での貴族的な性格が周囲から慕われる学生として過ごした。そのころウェストポイントの校長を務めていたロバート・エドワード・リーという軍人の人柄を気に入ったスチュアートは、学生の身分でありながら物怖じせずリーと語らい、接し、大変親密な間柄となった。

士官学校を卒業したスチュアートは騎兵将校に任命され、テキサス州などの西部の辺境で、インディアン対策などにあたる日々を過ごした。勤務態度は良好で、また1859年にバージニア州（現ウェスト・バージニア州）ハーパーズフェリーでジョン・ブラウンという奴隷解放論者が反南部の武装蜂起を起こした際、これを鎮圧する任務もこなした。そして1861年4月に南北戦争が勃発した際、スチュアートはアメリカ合衆国陸軍騎兵大尉《たいい》の肩書をなげうって、何のためらいもなく故郷バージニア州のため、南軍に身を投じた。

ところでこの南北戦争という大きな戦いのなかで、「騎兵」なる軍隊のなかの職業は、大きくその存在理由を変えようとしていた。南北戦争以前の戦争、例えば19世紀初頭のナポレオン戦争などのなかにおいて、騎兵は「戦場の華」といったふうに呼ばれていた。赤や黄色のきらびやかな軍服に身を包み、サーベルや槍を振りかざし、敵歩兵部隊のなかへ突撃して散々にこれを蹂躙《じゅうりん》するといった、まるで現代戦の戦車部隊のような働きを、騎兵隊はこなしていた。

なぜ騎兵にそのような働きができたのか。それは19世紀前半ごろまでの、銃の性能によるところが大きい。そのころまでの軍隊で一般的に使われていた銃は、銃身内にライフルのミゾが刻まれていない滑腔銃《かっこうじゅう》で、戦場におけるその有効射程距離は、ほんの数十メートルほどでしかなかった。騎兵がこの数十メートルの距離を駆け抜けてくるまでの時間内に、前装単発式であるその時代の銃に装弾をし、狙いを付け、射撃するというのは、実際のところかなり難易度が高かった。また、ナポレオン戦争ごろまでの騎兵隊は、「胸甲」という金属製の胸当てを装着している例があったのだが、滑腔銃の威力だと至近距離からの直撃弾でもない限り、なかなかこれを撃ち抜くことが難しかった。

しかしながら南北戦争の時代に広く普及したライフル銃は、まず射程が数百メートルくらいはあった。威力も滑腔銃とはケタ違いで、騎兵の胸甲などはやすやすと貫いた。つまりこの時代に、騎兵が敵歩兵部隊へ突撃をかけるなどという行動は、ほとんど自殺行為と化してしまったのである。実際に南北戦争のすべての戦いを検証しても、騎兵部隊が銃火器を使わず、つまりサーベルや槍だけで敵部隊に突撃をかけたなどといった話は、ごく少数しか見つからない。南北戦争期、騎兵の第一の役割は――これもそれ以前から騎兵隊の重要な仕事ではあったのだが――偵察になった。また、南北双方とも戦争の状況が進んでいくにつれ、騎兵たちは「移動には馬を使うが、戦場では下馬して歩兵として戦う」スタイル、すなわち龍騎兵的な戦い方を好んで選ぶようになり、そういう意味でも、「輝ける騎兵突撃」のような光景は、ほとんど見られなくなっていく。まさに南北戦争において、「戦場の華」は枯れて散ったのである。

しかしながら、貴族的な人間たるジェブ・スチュアートは、どうもこうした騎兵を取り巻く時代状況の変化に、不満を感じていたらしい。もちろん彼自身は極めて優秀な騎兵将校であり、南北戦争のなかで無謀な騎兵突撃を試みることなどはなかった。ただ、スチュアートは南軍の規定である灰色の軍服に身を包みながら、その細部を極力赤や黄色の派手な布や糸で飾り立て、また軍帽にはクジャクの羽を差していた。主任務である偵察へ出ても、同時に敵の後方補給基地を脅かしたり、敵兵の私物を分捕ったりするなどの「おまけ」のような行動をすることを好み、自身の行動をいろいろ華々しく飾ろうとする努力を欠かさなかった。彼はいつまでも、自分が戦場の華でいようとする試みを続けていたのだ。

南北戦争初の本格的会戦であった、1861年7月21日の第1次ブルランの戦いに南軍騎兵大佐として参加したスチュアートは、敗走する北軍を追撃、強襲した功で名を挙げ、その年の秋に将軍へ昇進している。翌1862年6月、北軍が南部連合首都リッチモンド近郊まで迫った危機の際には、南軍のリッチモンド防衛部隊・北バージニア軍の司令に就いたかつてのウェストポイント陸軍士官学校校長、ロバート・エドワード・リー将軍の下で、スチュアートは目覚ましい活躍をすることになる。1200人の部下を率いて偵察行動へ出発したスチュアートは、北軍の北側面に回り込んで、敵兵の会話が聞こえるような距離まで接近。そのまま北軍部隊の周縁をスルリと一周まわるような行動をとって、「北軍の右側面が手薄です」という貴重な情報をもたらしたのだ。

続いて1862年8月の第2次ブルランの戦いに際しては、スチュアートは偵察ついでに敵将ジョン・ポープ将軍の司令部を強襲。ポープの軍服を奪い取ってくるという働きを見せた。

これらのスチュアートの行動に関しては、単なる曲芸のようなものであって、純軍事的には何の意味もないといった批判が当時からあった。しかし、南部の新聞などはこれを実に華々しく伝え、スチュアートは民衆の間での、ちょっとしたヒーローになっていく。上官、ロバート・エドワード・リーも昔からの友情ゆえか、「スチュアートはわが軍の目である」などといって持ちあげたものだから、スチュアートの武名はますます高まっていった。戦場に華なき時代にあって、スチュアートは何とか自分だけは、華であろうとしていた。

リー率いる北バージニア軍が主力を務める南北戦争の東部戦線において、南軍は基本的に開戦以来、勝ちに勝ちを重ねていた。保守的で、スチュアートの持つような騎士道精神を重んじる南部人の気風は、明らかに北部人よりも軍人に向いており、その資質の差が特に戦争前半、両軍の明暗を分けていたとは、多くの歴史家たちが指摘するところである。しかし、北軍とていつまでも弱兵ではなく、幾多の戦いのなかでそれなりに鍛えられていた。かつまた、南軍にはなまじ勝ちを重ねてきたがゆえの驕《おご》りが見え始めていた。１８６３年６月９日のブランディステーションの戦いで、その状況がある意味、白日の下にさらされた。

ゲティスバーグの勝敗を左右した命令違反

この日の朝、バージニア州のブランディステーションに駐屯していたスチュアートの騎兵部隊９５００を、北軍アルフレッド・プレソントン将軍率いる騎兵部隊１万１０００が奇襲攻撃したのである。このとき、戦場は濃い霧に包まれていて、攻める北軍も守る南軍も、早々に混乱状態に陥ってしまった。前述したように、南北戦争期の騎兵隊は、実際の戦場では下馬して戦う例が多かった。しかし、この混乱のせいもあってブランディステーションでは、南北戦争のなかでも割に珍しい、騎兵隊同士の乗馬戦闘が展開されることとなった。

ある意味において、スチュアートが待ちに待った大一番だった。しかし、彼が思っているよりも北軍騎兵部隊は頑強で、容易にその陣を崩せない。かつ、霧の中で自軍が（北軍もだが）ひどく混乱していたことも、戦場で決定打を打てない展開につながった。結局、このブランディステーションの戦いは南軍が約500、北軍が約1000の死傷者を出して、引き分けに終わった。

だが、南部人の多くは「南軍の騎兵と北軍の騎兵が戦って、引き分けに終わった」という結果を、「事実上、南軍の負け」というふうに受け取った。特にこのブランディステーションの戦いが起こる数日前、スチュアートが部下たちに、特に必要性もわからないパレードをさせていたという事実があって、それまで彼を褒めていた南部の新聞が、「戦いの前に無用に兵を疲れさせていた指揮官の責任」を問うようなことをしたものだから、スチュアートはより強い屈辱を感じた。

その翌月、1863年7月1日から3日にかけて行われたものこそが、俗に東部戦線の天王山といった言われ方をされることもある、ゲティスバーグの戦いだった。北バージニア軍は基本的に、南部首都リッチモンドの防衛に徹していた部隊だったが、そんな状況を続けていても経済力に劣る南軍はじり貧状態に陥るだけだと主張したリーが、乾坤一擲《けんこんいってき》の賭けとして、約７万５０００の兵を率い北部ペンシルバニア州に侵入した戦いである。

南軍としては、不慣れな敵地への侵攻である。敵情偵察は何にもまして重要だ。スチュアートはリーから重い責務を背負わされて、ペンシルバニア方面へ先発する。しかし、スチュアートはブランディステーションの戦いにおける汚名返上を思って、焦り、そして気負いすぎていた。

スチュアートは行く先々で北軍との小競り合いを展開し、また彼らの補給物資を奪うなどの行動を繰り返した。北部の新聞は「なぜこんな地域に南軍の騎兵隊がいるんだ」と騒ぎ立て、市民らも恐れおののいたが、そのスチュアートの行動が何か北バージニア軍にとって戦略上、意味のあるものだったとは言いがたい。スチュアートはさらに北部地域へ深く潜入し、部下たちに「このままリンカーンを捕虜にしたいものだ」などとうそぶいていたというが、そういう冒険的な活動に熱中するあまり、リーから厳命されていた「南軍部隊との連絡、接触を取り続けること」を、すっかり忘れ果てていた。そしてリーは７月１日、スチュアートの騎兵隊という情報収集手段を欠いたままで、ゲティスバーグで北軍とぶつかることになる。

ゲティスバーグにおいて南軍は、明らかにそれ以前よりも精彩を欠いた。特に7月1日の戦いでは、ブランディステーションの戦いでもスチュアートと対峙した北軍の騎兵指揮官ジョン・ビュフォード将軍が、兵たちを下馬させ、数にまさる南軍部隊に頑強に抵抗して戦線を支えぬいた。翌2日の戦いでも、リーは北軍左翼を何とか切り崩そうとするが、これまた北軍の抵抗を排除できなかった。このとき北バージニア軍に加わっていた南軍のヘンリー・ヘス将軍は、後に振り返って「騎兵隊の不在」が非常に痛かったと語っている。

7月2日の夜、数々の小競り合いや襲撃を繰り返し、むしろ得意顔で北バージニア軍の司令部に現れたスチュアートに、リーは激怒したという。そして翌3日、リーは戦場の主導権を把握できないまま、賭けとして部下のジョージ・ピケット将軍に北軍陣地中央への強行突撃を司令。しかしそれは無残に撃退されて、南軍は撤退することとなる。

長いよしみでの温情なのか、明らかな命令違反を働いたスチュアートに対し、リーが何らかの処罰をすることはなかった。しかし、その後のスチュアートは昇進することがなかった。

騎兵突撃の果てに

1864年春、新たに北軍の総司令官に就任したユリシーズ・S・グラント将軍は、約11万の兵を率いて北部首都ワシントンを出発。南部首都リッチモンドへの大攻勢、オーバーランド作戦を発動させる。北軍主力のポトマック軍を率いてこの作戦の現場指揮官を務めたのは、ゲティスバーグ戦でリーを食い止めたジョージ・ゴードン・ミードという将軍だったが、手堅い用兵手腕を持つ一方で、奇抜なことは好まない性格の人物だった。そして、ポトマック軍騎兵部隊を統括していたフィリップ・シェリダン将軍は、騎兵隊をもっぱら偵察や後方支援などの仕事にしか使わない、このミードの方針に不満で、スチュアートの向こうを張るような敵陣への浸透、襲撃作戦を行いたいと考えていた。シェリダンのこの構想は、ミードを飛び越えてグラントが承認するところとなり、シェリダン率いる騎兵部隊約1万が5月9日、リッチモンド方面に向かって出撃した。バージニア州北方で南北双方の大部隊が激突しているのを横目に、敵首都の近くまで静かに浸透して破壊活動などを行うというのが、シェリダンの描いていた作戦構想だった。

シェリダンの騎兵隊は見事にリーの率いる南軍主力・北バージニア軍の裏をかき、リッチモンド方面のビーバーダムで襲撃や略奪行為を繰り返した。これとて戦略上、大きな意味がある行動では決してなかったのだが、南部の市民や新聞は驚き、「南軍は何をやっているんだ」と騒ぎ立てた。かくしてスチュアート騎兵部隊は急ぎシェリダンの騎兵部隊を探して行動を開始。5月11日、バージニア州のイエロータバーンという町で、シェリダンとスチュアートの両部隊が激突する。

シェリダン率いる北軍騎兵部隊はすぐさま下馬し、歩兵部隊となってスチュアート騎兵部隊へ対応する構えを見せた。しかしこのとき、スチュアートも何とまた部下に下馬を命じ、シェリダンへ立ち向かった。このときシェリダンの部隊は1万2000。対してスチュアートの兵力は約4500で、兵力では北軍有利だったが、スチュアートは戦場でまず高台を確保することに成功しており、地の利は南軍に分があった。ただ、北軍が最新式の連発式ライフルを装備していたのに対し、南軍が持っていたのは前装式の単発ライフルだった。

戦いは一進一退のまま3時間ほども続いたが、ついにスチュアートがしびれを切らしたように馬に飛び乗って叫んだ。

「お前たち、突撃だ!」

すでに述べたように、この南北戦争の時代、騎兵部隊が歩兵部隊へ正面から突撃をかけるなどというのは自殺行為に等しかった。しかしスチュアートはそれをあえて行い、部下たちは大歓声を上げながら、乗馬して彼の後に従った。一瞬、北軍の軍勢は崩れそうになった。

しかし、下馬戦闘を継続していた北軍のジョン・ハフという兵士が、冷静に拳銃をスチュアートに向けた。スチュアートは腹を撃たれ、部下に抱えられて馬から降ろされた。それと前後して南軍の突撃は押し戻され、南軍兵たちは算を乱して退却を始めていった。部下の腕のなかで、スチュアートはうわごとのようにつぶやいた。

「戻れ、戻れ。私がしたように、お前の義務を尽くすんだ。そして祖国を救ってくれ」

翌日、リッチモンドまで後送されたスチュアートのもとに、南部大統領のジェファーソン・デービスが見舞いに訪れた。息も絶え絶えになりながら、スチュアートは言った。

「これが神の思し召しなのでしょう」

そして彼は、わずか31年の生涯を閉じた。

スチュアートの死を知ったロバート・エドワード・リーは嘆き悲しみ、その後、スチュアートの名を聞くたびに大粒の涙を流したのだという。未亡人となったフローラ・スチュアートはその後、独り身を通し、生涯喪服を着続けた。すべての南部人が、この南軍の華の死を悼んだ。

南部連合が崩壊するのは、それから１年後の１８６５年5月のことである。

北軍

ユリシーズ・S・グラント

「鈍感力」で南軍をすり潰した「ブッチャー」

Ulysses S. GRANT
1822-1885

英雄らしからぬ銅像

アメリカ合衆国首都ワシントンの連邦議会議事堂近くに、南北戦争で活躍した北軍の将軍、ユリシーズ・S・グラントの銅像が立っている。彼が軍服に身を包み、馬に乗ってたたずんでいるといった感じの銅像だ。普通、軍人の銅像とは、いかにも勇猛果敢といった姿をイメージさせるふうに作られるものだが、このグラントの像は、まるでそんな感じではない。むしろ何か、グラントがただボーっとしているかのような印象さえ与える、一種奇妙な銅像なのだ。

また、このグラント像の周囲には、名もなき一般北軍兵の銅像も立てられているのだが、それらはまさに鬼の形相《ぎょうそう》で、軍馬を励ましたり、大砲を動かしていたりといった、戦場で戦う姿の像として作られている。そういう、必死な兵士たちの像の真ん中に、何か茫洋《ぼうよう》とした感じさえ抱かせるグラントの像が立っている。それがまたより一層、このグラント像の奇妙さを増幅させている。

観光案内のパンフレットなどを見ると、このグラント像の姿に関し「冷静沈着な名将として知られた、グラント将軍の姿を現したもの」だといった解説が、よく載っている。なるほど確かに、グラントという人物に関し、「冷静な性格だった」という解説をする歴史書などは、非常に多い。けれども繰り返すように、ワシントンに立つグラント像は、冷静というよりもむしろ、茫洋とした印象の像だ。

そしてこの像は、1909年から建設が始まったものである。つまり、1885年に死んだグラントという人物について、まだ直接知る世代も多かった時代に、構想された像ということだ。そう考えるとむしろこの像は、グラントという人物の真実の姿を、よく表しているものなのかもしれない。実際、グラントの生涯について調べれば調べるほど、実はこの像が抱かせる「奇妙」な感じは、減っていくのである。

「可能な限り激しくたたき、前進し続ける」

ユリシーズ・S・グラントは、1822年に北部オハイオ州で生まれた。父親は平凡な皮革加工職人だったが、政治に人一倍の関心を持っていた奴隷解放論者で、その父の意向でウェストポイント陸軍士官学校に入学した。しかし蛙の子は蛙とでもいうのか、グラントもまた平凡な青年でしかなく、馬術についての才能を示した以外は、ごく平均的な成績で1843年に士官学校を卒業した。また、グラントは父親の政治熱に関しては微塵《みじん》も受け継がず、士官学校在学中から、軍隊を辞めたいと考えるような青年だった。

なお、グラントの名前はもともとハイラム・ユリシーズ・グラントといったのだが、どういう手違いなのか士官学校入学時、「ユリシーズ・S・グラント」というふうに、名簿に登録されていた。しかし、グラントは特にそれに抗議することもなく、そのまま以後の人生を「ユリシーズ・S・グラント」の名前で通した（母親の旧姓がシンプソンだったことから、ミドルネームの「S」はその由来と周囲は思っていた）。この彼の、まるで物事にこだわりを見せない性格も、そのまま後年まで続いていく。

グラントが士官学校を卒業してすぐの１８４６年、アメリカはメキシコと戦争を始めた（米墨戦争）。これにグラントも軍人の責務として出征。戦場ではそこそこの活躍を見せているが、それ以前からの軍人生活への嫌悪感はますます募った。その米墨戦争が終わってしばらくたった１８５４年、彼は軍隊から退役する。

ここで民間人として商売などを始め、成功でもすればよかったのだろうが、なかなかグラントの人生は思うようにいかなかった。軍隊を辞めた後、彼は農場経営や不動産業など、さまざまな仕事に就いたが、そのことごとくで失敗。軍隊時代からの憂さ晴らしに覚えた飲酒クセはますますひどくなり、アルコール依存症に陥っていた。１８６０年、グラントは北部イリノイ州で皮革製造業を営んでいた親族のもとに身を寄せるが、ほとんど真昼間から泥酔しているようなありさまだったとされ、周囲から完全にバカにされていた。

しかしその翌年、南北戦争が勃発。グラントは、その当時のどん底の生活から逃れるように北軍の義勇兵募集の声に応じ、決して好きではなかった軍隊に戻った。

グラントの元軍人という経歴は、当局に歓迎された。彼は大佐の肩書とイリノイ州の義勇兵連隊を与えられて、同州の西隣にあるミズーリ州に派遣される。ミズーリ州はいわゆる境界州の一つで、州の制度として奴隷制は合法だったが、北部派と南部派双方の住民が入り乱れて存在しており、最終的に南北のどちらにつくかで揺れていた。南北両軍はそれぞれの部隊を派遣して、ミズーリ州を自分たちの側に引き込もうとしていた。

結果だけを言えば、ミズーリ州は北軍サイドにつくことになるのだが、グラントは同州で得難い経験をした。上層部から言われて、ある南軍の陣地を攻めるよう言われたグラントは、敵情もよくわからないまま、おっかなびっくりの態度で攻め込んだ。しかし、敵に恐怖していたのは南軍も同じで、いざ攻め込むと陣地は空っぽに近く、南軍兵たちは我先にと逃げ散っていた。このときグラントは、「こちらが敵を恐れている時は、敵もこちらを恐れている」という戦場の心理を学んだと語っており、以後、敵を過大評価することも過小評価することもなかった。「冷静沈着な名将、グラント」の第一歩であった。その後、彼は将軍に抜擢されている。

　ところで開戦当初のグラントがいたミズーリ州は、その南東部で同じく境界州であるケンタッキー州と、また南部連合領であるテネシー州とも接していた。ようするにミズーリ州南東部とは、戦略上の要衝だった。ちょうどその、ミズーリ州、ケンタッキー州、テネシー州の境界線が集まっている地域のテネシー州内に、南軍がヘンリー要塞とドネルソン要塞という、新しい要塞をつくっていることに、グラントは気付いた。これを放置することはできないと考えたグラントは、近場にいた北部海軍の河川砲艦の力も借りて、1862年2月に、両要塞を攻略する。またグラントは同年4月、同じくテネシー州のシャイローで南軍部隊に奇襲攻撃を受けるものの、2日間にわたって頑強に戦場に踏みとどまり、大出血しながらも何とか勝ちを得ることができた。

　このころ、南北戦争は全体的に南軍に勢いがあり、北軍は分が悪かった。グラントはそんななかで珍しく勝ち星を得ていた、数少ない北軍の指揮官であった。ただ、グラントがいたミズーリ州やテネシー州は、首都ワシントンから遠く離れた田舎の西部戦線だったため、その活躍に全国的な注目は集まらなかった。それどころかグラントは、当時の北軍で西部戦線を管轄していた上官、ヘンリー・ハレック将軍に目を付けられてしまう。

グラントは後に、戦闘指揮の要点について人から問われ、「戦争とは実に簡単な仕事である。まず敵の所在を知り、速やかに捕捉し、可能な限り激しくたたき、前進し続ける。それだけのことである」と答えている。これがいわゆるグラント流の戦い方で、確かにヘンリー要塞、ドネルソン要塞の攻略を見ても、敵の新しい要塞を発見するや、グラントはすぐに攻勢をかけてこれを陥落させている。シャイローの戦いも、最初は南軍の奇襲攻撃を受けてかなり不利な形で始まった戦闘だったが、「可能な限り激しくたたき、前進し続ける」という不退転の決意で戦場にとどまり続け、多大な犠牲者を出しながらも勝ちを得ている。別に何か悪いこととも思えないが、しかしこれがハレックはお気に召さなかった。

ハレックはグラントとは対照的に、極めて慎重な人物だった。いや、当時の南北戦争の将軍たちは、程度の差はあれ大抵慎重派だった。当時の新兵器たるライフル銃の殺傷能力はすさまじく、敵陣への攻撃方法を一つでも間違えば、自軍に莫大な損害が出る。したがって作戦計画は精密なものをつくらねばならないが、航空機もレーダーもない時代、簡単に敵情は探れず、ほんの数キロほど部隊を進軍させるだけでも、「行く手に敵が待ち構えていたらどうなるんだ」などといった議論で、将校たちの作戦会議が紛糾《ふんきゅう》するような状況が、あちこちで展開されていた。ハレックはいわば、そういう当時の「常識的で普通の将軍」の代表格のような人物で、グラントの指揮ぶりを非常に危なっかしいものとして、否定的に見ていた（特にグラントがシャイローの戦いで出した1万数千人もの死傷者数は、当時の軍事常識からは考えられない大損害だった）。よってハレックはシャイローの戦いの後、グラントの飲酒癖などを持ちだしていろいろ人格攻撃のようなことを行い、部隊指揮の権限を取り上げてしまうのである。それから数カ月を、グラントは無為に過ごした。

リンカーンに抜擢される

グラントが南北戦争の現場に復帰するのは、１８６２年7月のことである。同時期、彼とそりの合わなかった上官ハレックは、北軍全体の総司令官に抜擢されて、首都ワシントン方面に去っていた。北部合衆国大統領のエイブラハム・リンカーンは、そのようにハレックを評価した一方で、その時点では一面識もないグラントに関しても、「西部戦線に積極果敢な猛将がいるようだ」との評判を聞き、期待をかけていた。グラントはハレックが去った西部戦線で、その戦線全体を統括するような大部隊と権限を与えられることになる。

そんなグラントに与えられた課題が、ミシシッピ州のビックスバーグにある、ビックスバーグ要塞を陥落させることだった。

北軍は南北戦争が始まった当初から、南部連合領沿岸部に軍艦による海上封鎖網を構築して、南部の対外貿易ラインを遮断する計画を立てていた。つまり南部経済を締め上げる策だが、同時に模索されていたのが、ミシシッピ川の制河権確保である。

南部連合領を縦貫するアメリカ一の大河、ミシシッピ川は、発達した鉄道網も自動車もないこの時代、まさに北米大陸における物流の大動脈だった。その支流のまた支流というふうにたどっていけば、アメリカのかなりの範囲に物資を届けることも可能で、まさに南部経済とはミシシッピ川なしに成立しないものでさえあった。となると、北軍としては当然、このミシシッピ川の制河権も押さえたい。ミシシッピ川流域を確保し、南部連合領沿岸部も封鎖するというラインをアメリカの地図の上に引いていけば、それはまるで大蛇が南部連合領を締め上げているかのように見えるところから、この北軍による南部経済封鎖構想は、「アナコンダ計画」と呼ばれていた。

海上封鎖網のほうは、北部海軍の活動によって1862年中に、ほぼ完成するメドが立っていた。問題はミシシッピ川だった。特に前述したビックスバーグ要塞は、「南軍のジブラルタル」などと呼ばれた非常に強大な防御陣地で、北軍として攻略の糸口すらつかめない状態が続いていたからである。そして、この要塞を落とさないことには、ミシシッピ川の制河権確保など夢のまた夢である。グラントは、まさにこの難題に挑むこととなった。

歴史書などに「ビックスバーグの戦い」などと簡単に記載されることもあるその作戦は、実際のところ1862年12月から63年7月までという長い時間をかけ、のべ10万人近い兵員を動員して行われた、非常に大規模な作戦だった。20回近い戦闘と、無数の小競り合い、そしてミシシッピ川を舞台とした海軍部隊の活動など、当時考えられ、また実行に移しえたあらゆる軍事行動が、このビックスバーグをめぐって行われた。そして、それまで一部で「積極果敢な猛将」のように言われていたグラントは、ビックスバーグでは一転、慎重にことを進めた。

ビックスバーグ要塞は、ミシシッピ川がグネグネと蛇行する地域の、切り立った崖の上に建つ要塞で、つまり船で近付くには難儀で、正面からの攻撃手段も限られていた。同要塞はミシシッピ川の東岸に建っていたので、つまり西側からの攻撃は非常に困難であると予想された。よってグラントはまず、ビックスバーグ要塞の北東方面から攻撃を仕掛けようと思ったのだが、その地域には地理に明るい南軍の騎兵ゲリラが跳梁跋扈《ばっこ》していて、思うような進軍ができなかった。また、そのころその地域には、元合衆国下院議員のジョン・マクラーナンドという政治家将軍が陣取っていて、自身の政治的権威を振りかざしてやたらと威張り散らしていたので、北軍の士気が非常に下がっていた。グラントはそういう状況などを見て、あっさり北東部からの侵攻を諦める。

次にグラントは、ミシシッピ川に独自の運河を切り開こうとしたり、ビックスバーグ要塞周辺の沼地を強行突破するルートを模索しようとしたりしたが、労多くして益少ない作戦と気付き、これも打ち切った。

このように、グラントによるビックスバーグ要塞攻略作戦の特に前半期は、慎重な実験的軍事行動が繰り返され、彼の「積極果敢さ」は影をひそめた。しかしグラントは、慎重ではあるが一つの策に固執することなく、柔軟にさまざまなアイデアを閃いては現場に実践させていくという、また違った意味での積極性は崩さなかった。

事態が大きく動いたのは、1863年4月16日である。この日の月のない夜、北部海軍の河川砲艦がビックスバーグ要塞前面のミシシッピ川を強引に通過して、その下流地域に進出。そのあたりのミシシッピ川西岸地域に進出させていた北軍部隊を乗せて、東岸地域に次々に渡していった。これでグラントは、ビックスバーグ要塞を南東側から攻撃するルートを確保したのである。

グラントは手早くビックスバーグ要塞の補給線を遮断し、その要塞の周囲に即席の砦や塹《ざん》壕《ごう》を次々に構築して、水も漏らさぬ包囲網をつくり上げていく。ビックスバーグ要塞の将兵たちは次第に飢餓に悩まされるようになった。そして、本格的な夏を迎える直前になり、要塞内で疫病が発生することなどを懸念した南軍は7月4日、グラントに降伏、要塞を明け渡した。これで南部経済を締めあげるアナコンダが、いよいよ完成する運びとなった。

明けて1864年3月、グラントはリンカーンからの召喚を受けて、生涯で初めて合衆国首都ワシントンの土を踏んだ。そもそもグラントの外見とは、率直に言って「風采《ふうさい》の上がらないダメオヤジ」そのものという感じであり、また服装などにもまったく無頓着な人柄だった。当時の高級軍人などが普通にまとっていた「貴族的雰囲気」のようなものはまるでなく、ホワイトハウスに現れたグラントを見て、言いようのない驚きを覚えた人々も少なくなかったらしい。リンカーン政権の海軍長官ギデオン・ウェルズなどは、率直に「(グラントは)無様な男だ」と日記に書き残している。しかし、貧農から成り上がったリンカーンは、むしろそういうグラントに何か好感を持ったらしい。また、このときグラントが「自分に政治的野心はない」と明言したことも、リンカーンは高く評価した。そしてリンカーンはグラントに、北軍総司令官への就任を打診する。

リンカーンがグラントに厳命したのは、東部戦線の指揮をとって南部連合国首都リッチモンドを攻略することだった。それまで、数々の北軍の将軍が挑み、失敗していった巨大な任務である。

冷静沈着なのか、鈍感なのか

1864年5月4日、グラントは約12万の兵力を従え、ワシントンからリッチモンドへ向かって南下する。何の策もない、まっすぐな力押しだった。世に言うオーバーランド作戦の発動である。東部戦線における南軍主力、北バージニア軍の古強者たちは、「また来たか！」との意気で、これを堂々と迎え撃った。今まで何度も北軍とぶつかり、これを撃退してきた彼らである。実際にウィルダネスの戦い（5月5～7日）、スポットシルバニアの戦い（5月8～21日）と、南軍は北軍に痛打を与え、その戦場での「勝利」を手にした。しかし、それまでの北軍と違い、グラントはなぜか撤退しない。すさまじい損害を出しながら、一歩も退かずにじりじりと南下してくるのである。

グラントはこう考えていた。そもそも北部は南部よりも、経済力や人口規模で勝っている。またアナコンダ計画の完成によって、南部経済はすでに破綻寸前だ。であればもう、北軍はただ強引に南部を力で押していけばいいのだ。個々の戦場で北軍が敗れようと、力押しに徹していれば、いつか南軍はすり切れて崩壊する、と。5月31日に起こったコールドハーバーの戦いにおいて、グラントは南軍の防御陣地に、ただ正面から突っ込めと部下へ命じた。自殺行為以外の何物でもなく、反対する者も多かったが、グラントはそれを強行させた。果たして北軍にはおびただしい死傷者が出て、グラントは新聞に「ブッチャー（肉屋）」だと非難された。しかし、グラントはそれでも南軍への力押しをやめなかった。

南軍の北バージニア軍司令、ロバート・エドワード・リー将軍が、さすがにグラントに付き合って戦い続けることの愚に気付き、リッチモンド南方の要塞都市ピーターズバーグにこもったのは、1864年6月15日のことである。しかし、そのときはもう東部戦線の南軍にまともな戦闘能力は残っていなかった。グラントはピーターズバーグで、ビックスバーグ戦の再現のような包囲戦を展開し、リーは1865年4月9日、グラントに降伏する。

グラントはかくも冷静だった。冷静に敵陣を攻め、冷静にさまざまな策を用い、冷静に部下たちの命を消費した。しかし同時に、どうもグラントは冷酷さを人に感じさせるような男でもなかったようである。むしろグラントの伝記などを読んでいて感じるのは、彼のある種の鈍感さである。敵弾が飛び交う陣地の最前線に出張ってきて、堂々とその身を敵前にさらして指揮をとり続けたとか、司令部のそばに南軍の砲弾が着弾しても眉一つ動かさなかったとか、グラントは部下の命を顧みない一方で、自分の命もあまり大事に思っていなかったような印象が強い。そしてそういう「鈍感なブッチャー」が終わらせたのが、南北戦争という戦争だった。

グラントは南北戦争終結後の1869年、周囲に担がれて大統領選挙に出馬し、当選する。しかし、彼には何の政治的才能もなく、その政権では汚職が続発するなどして、現在では「史上最悪の大統領」とも呼ばれている。おまけに彼は晩年、怪しげな投資話に引っかかって無一文となり、喉頭《こうとう》がんの激痛に苦しみながら1885年、63歳で死んだ。なお、グラントが死の床で書いた回顧録はベストセラーとなり、それで遺族の生活は助かった。

第6章

決戦

南軍　ロバート・エドワード・リー

Robert Edward Lee

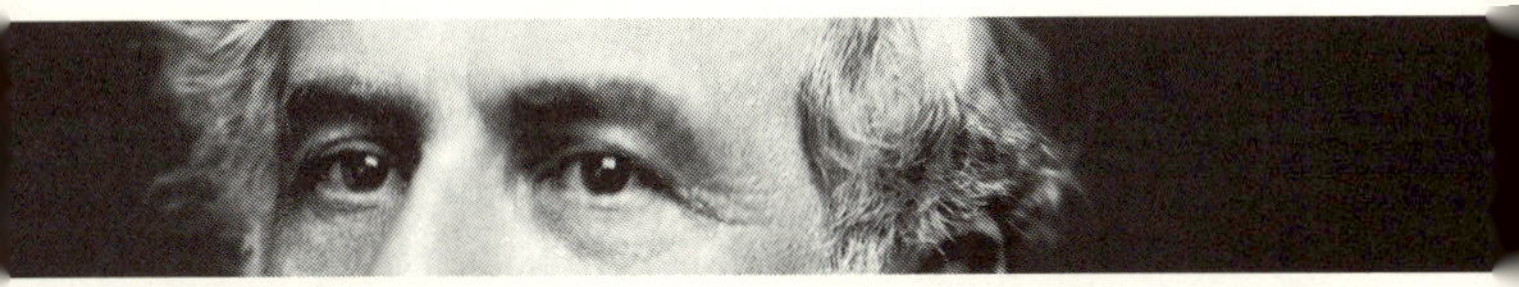

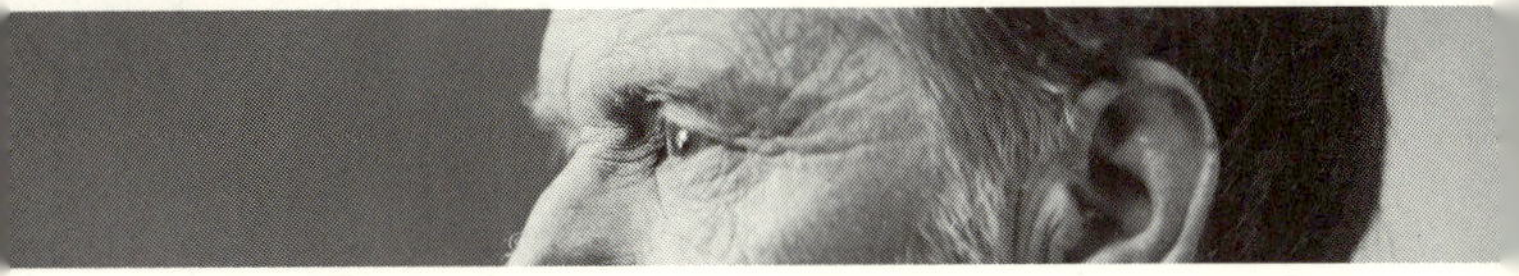

William Tecumseh Sherman

ウィリアム・テカムセ・シャーマン　北軍

南北戦争において1864年に起こった戦いは、まさに「決戦」の名にふさわしいものだった。

東部戦線では5月から6月にかけて、北軍のユリシーズ・S・グラント将軍が、南部連合国首都リッチモンドに対する一斉全面攻勢・オーバーランド作戦を発動させた。そして西部戦線では、同じく北軍のウィリアム・シャーマン将軍が、5月から9月にかけて、南部連合国屈指の富裕州であるジョージア州に対する侵攻作戦（アトランタ作戦）を行ったのである。この2つの作戦が北軍の勝利に終わったとき、南軍はもはや再び立ち上がれなくなっていた。それは、単に軍隊と軍隊が戦って、片方が撃退されたといった話ではなく、南軍という軍事組織の、その存在基盤そのものが破壊されてしまったからである。

東部戦線でグラントに対峙した南軍のロバート・エドワード・リー将軍は、恐らくその時点の世界において、最も優れた野戦指揮官だった。彼がお手本と仰いだのは、当時の白人文明圏の軍人のほとんどが尊敬していたナポレオン・ボナパルトで、リーはまさにナポレオンさながらの作戦機動、包囲戦といった作戦テクニックに長けていた軍人だった。その才で、リーはそれまで、数にまさる北軍を何度も魔術師的に翻弄し、痛めつけ、撃退してきたのである。

しかし、グラントという軍人にとって、そういう作戦テクニックなどはどうでもいいような話だった。彼は北部合衆国の豊かな経済力を背景に、莫大な兵員と銃火器類を積み上げ、すでに経済包囲網で痛めつけられ、補給もおぼつかないリーの疲弊した南軍部隊に、真正面から攻めかかったのである。それでもリーの用兵手腕は一級だった。オーバーランド作戦の間じゅう、南軍は常に北軍に、大きな出血を強いている。しかし、グラントは眉一つ動かさず、兵の損耗を気にする素振りさえもなく、南軍正面への力攻めを行い続けた。戦場で「勝っている」はずの南軍は、次第に北軍の正面攻撃に付き合いきれなくなり、オーバーランド作戦が終わったとき、リーはリッチモンドすぐそばの要塞都市ピーターズバーグに撤退して、何の展望もない籠城戦を行っていく以外の選択肢を失っていた。

西部戦線のアトランタ作戦は、それ以上の戦いだった。北軍のシャーマン将軍は、身軽な部隊をすさまじいスピードでジョージア州に攻め込ませ、南軍が対応するひまもないうちに橋や鉄道駅などの重要拠点を確保。また農園や民家など、軍人ではない民間人に平気で銃を向け、物資を略奪して回った。南軍は、そもそもシャーマンの北軍とまともに戦う体制を整えることもできないまま、ジョージア州が焼け野原になっていく様を見ているしかなかった。

グラントやシャーマンは、例えば同じ兵力を与えられて平原でリーと戦えと言われたら、万に一つも勝てない「軍事能力」しかもっていない指揮官だった。しかし、グラントとシャーマンにとっては、そんなことはどうでもよかったのである。彼らは、リーが信奉したような、古きよき騎士道的戦争という概念そのものを、南北戦争の戦場で、葬り去ってしまったのだ。

ロバート・エドワード・リー

南軍をその人格で支えた米軍史上最良の将

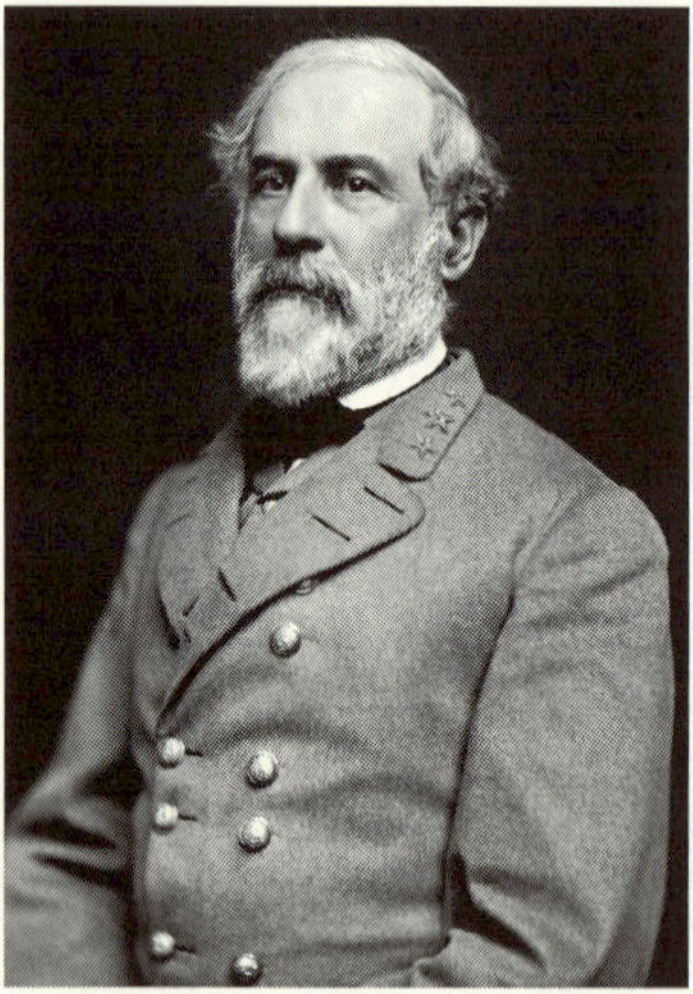

Robert Edward LEE
1807-1870

南部屈指の名家に生まれて

「わが国の憲法を作った人たちは、もしそれが南部連合に加盟する州によってほしいままに破られるようなものであったなら、それを作るのにあれほどの労力と英知と忍耐を費やさなかっただろうし、またそれをあれほど多くの番人や防衛手段で取り囲んだりすることも決してなかったであろう。〔…〕しかし、サーベルと銃剣によってしか守ることができないような連邦、そしてそこでは兄弟愛と慈愛に代わって闘争と内乱が行なわれるような連邦、そんなものは私には何の魅力もない。もし連邦が解体し、政府が崩壊したら、私は故郷の州へ帰って、同胞の人びとと辛苦を共にしよう。故郷を守るため以外に、私はもはや剣を抜かないつもりだ」

南北戦争開戦の少し前である1861年1月、当時アメリカ合衆国陸軍の大佐だったロバート・エドワード・リーは、息子にそんな内容の手紙を書いた。そして同年4月に未曽有の内乱が勃発するや、リーはその手紙に書いた通り、合衆国陸軍を辞し、故郷の南部バージニア州に帰って、南部連合の軍人になった。

歴史家のサムエル・モリソンは、このリーの態度について、「崇高な精神の苦悩する姿」だと言っている。歴史の結果をまず書けば、南北戦争は南部の敗北に終わった。ロバート・

エドワード・リーとは、あくまでも敗軍の将である。しかし、彼は負け戦を通じて米国史のなかで最も偉大な軍人になった。今でもアメリカのあちこちで——南部でも北部でも——リーは「尊敬すべきアメリカ人」だと思われ続けている。そんなリーの偉大な人柄は、いったいどのようにして形成されたものであったのか。

アメリカ独立戦争に参加したバージニア人、ヘンリー・リーは卓越した騎兵指揮官で、「ライトホース・ハリー（軽騎兵ハリー）」の異名で知られた。初代大統領ジョージ・ワシントンとは親しく、ほとんど義兄弟のような仲だったとも言われている。北米大陸南部に根を下ろしたイギリスからの植民者集団には、貴族やその関係者が少なくなかったが、リー家はさかのぼって調べれば英王室とのつながりも確認できるような家柄で、すなわちアメリカ南部における名家中の名家であった。

しかしこのヘンリー・リーだが、軍事以外には何の才能もない人間で、独立戦争終結後は怪しげな投機事業に手を出して借金まみれになり、監獄に入っていたこともあるような生活を送っていた。1812年、ヘンリー・リーは同年に始まった米英戦争に対する反対デモに巻き込まれて重傷を負い、その傷が癒えぬまま1818年に死んだ。ヘンリー・リーの後半生が幸せなものだったとはとても思えない。しかし彼はその後のアメリカに、一つの偉大なものを残して去った。それが1807年にもうけた息子、ロバート・エドワード・リーだった。ただし、ロバート・エドワード・リーはこういった親のもとに生まれた人物だったので、子供のころは何かと苦労が多かったらしい。バージニア州アレキサンドリアには、現在でも青少年期のリーが暮らした家が残されているが、実に小ぢんまりとした一般住宅で、金持ちの大邸宅といった風情ではまったくない。そして成長したリーは、親戚の支援や勧めもあって、ウェストポイント陸軍士官学校に入学することになる。

なぜ南軍に身を投じたのか

ウェストポイントにおけるリーは優秀な生徒で、1829年に上から2番目の成績で卒業し、合衆国陸軍の工兵将校になった。その後のリーの軍隊における主な仕事は、全米各地にある要塞の建設や修築で、時には開拓地の河川改修といった土木工事や、また州境をはっきり確定させるための測量事業なども手がけていたらしい。そういう工事は軍隊だけで完結できるものではなく、土地の人足や業者なども雇用する必要があったから、リーはそういう組織マネージャーとしても活動していた。青年将校時代のリーの足跡をたどってみると、軍人というよりは何かゼネコンの事務職のような仕事をしている印象が強い。そういうところからリーは、工兵とは特に関係がない、陸軍の各種の事務仕事なども任されていたようだ。面白いところでは、中東からラクダを輸入して、アメリカ軍内に「ラクダ騎兵部隊」をつくろうとした試みにも加わっている（当時、アメリカの開拓地がどんどん西方に広がり、テキサスやアリゾナといった砂漠地帯にも軍として足を踏み入れる必要が出てきたところからの発案だったというが、結局成功してはいない）。また、母校であるウェストポイント陸軍士官学校の校長も務めているが、校舎の改修事業などに精を出していたそうで、とことん裏方の事務屋的人物だった。

当時のアメリカ軍の将校は、ひとまず士官学校などを出て軍人として勤務するも、数年ほどで退職し、故郷に帰って政治家や実業家になる例も少なくなかった。彼らの実家の多くは、富裕な経済基盤を持っていたからである。しかしリーはずっと軍人としての生活を続け、しかも華々しい戦闘職種でもないところで、地味な裏方仕事に徹していた。つまり、彼には帰る家などなかったからだ。1846年からの米墨戦争や、1859年に起こった奴隷解放論者ジョン・ブラウンの武装蜂起鎮圧などには参加しているが、基本的に南北戦争以前のリーに、「勇ましい軍人」のようなイメージを見出すことは難しい。

なお、リーは1831年にメアリー・アンナ・ランドルフ・カスティスという女性と結婚しているが、彼女はジョージ・ワシントンの義理の曽孫という名門出身だった。このメアリーの父が死んだ１８５７年、リーはカスティス家の所有していた奴隷農園を相続して、いわゆる南部の上流階級の仲間入りを果たすが、そこからそう間を置かないうちに、南北戦争が勃発する。リーは別に富裕層として育った人間ではなく、よく考えてみればバージニア州にどれほどの恩義があるのかもわからないような暮らしをしてきた人物なのだが、リー家とワシントン家という、その自らが背負った気高い系譜を、彼は裏切ることができなかった。

そもそもアメリカ南部連合国政府を構成していた政治家や高級軍人たちのほとんどは、奴隷プランテーション農園の経営者たちだった。彼らは一般庶民とは隔絶した金持ちで、また小さなころから使用人や黒人奴隷にかしずかれて生きてきた人々だったので、総じて傲慢で自我が強く、コミュニケーション能力にも欠けていた。南部連合国大統領ジェファーソン・デービスはお山の大将気取りの気難しい人物で、閣僚や将軍たちと口論ばかりしていた。南軍内部でも、将校たちはちょっと気に入らないことがあるとお互いを激しく罵倒し、決闘沙汰のようなことも珍しくなかった。

このような状況であるから、南軍には実は総司令官職というものがおかれていなかった。個々の部隊司令官が、お山の大将気取りで他部隊との連携もなく、バラバラに戦っていたというのが南軍なる組織の実態で、将兵個々人の勇猛さや戦闘能力には確かに特筆すべきものがあったが、それ以前の問題を常に抱えていた。南部連合国を構成する各州に関してもそれは同じで、ちょっと戦局が悪化したり州内の事情に変化があったりすると、リッチモンドに税金や物資を送ることを拒み、デービス大統領に対して公然と挑発めいた言動をとる州知事が珍しくなかった。ロバート・エドワード・リーが「崇高な精神の苦悩」の結果として身を投じた南部連合とは、実際のところこうしたレベルの集団だった。

「分権型」の名将

ところで合衆国陸軍時代のリーは大佐だったが、ジョセフ・ジョンストンやG・T・ボーリガードらは将軍で、南軍内でも当初、リーの上位にあった。リーは特に率いるべき部隊も与えられず、デービス大統領の軍事顧問を務めていた。しかしリーは気難し屋のデービスとうまく人間関係を構築することができて、その信頼を得ていた。そして、そんなリーの人生に大きな転機が訪れる。

1862年春から始まった、北軍ジョージ・マクレラン将軍によるリッチモンド攻略作戦・半島作戦のなかで、リッチモンドを防衛する南軍主力・北バージニア軍の司令、ジョセフ・ジョンストン将軍が重傷を負ったのである。デービス大統領がその代理として急ぎ、北バージニア軍に送ったのが、ロバート・エドワード・リーだった。

北バージニア軍の荒武者たちは、この突然派遣されてきた「新司令官」を前に鼻白んだ。高級軍人とも思えぬ物腰柔らかな態度、そして真っ白な頭髪。北バージニア軍の将兵らは、侮蔑とともにリーへ「ババア（granny）」というあだ名をつけた。

しかし、1862年6月25日からリーが指揮をとって行われた、リッチモンド前面に迫った北軍部隊への反攻作戦「7日間の戦い」で、全北バージニア軍は驚愕した。リーは、ジョセフ・ジョンストン将軍でも行わなかった強行的な全面攻勢を矢継ぎ早に指示し、北軍を混乱状況に追い込んで、撃退してしまったのである。

リーの指揮のあり方は、よく「分権型」と称される。リーは部下に対して滅多に命令形で話さず、彼らが戦場でどういうことをしてみたいのか丁寧に聞き出し、だいたいの戦略構想を固めるや、その部下たちに権限を大きく委譲して、後は好きなようにやらせるという手法を好んだ。プライドの高い南軍の将校たちは、本来は上官であるリーが自分たちに丁寧な態度で接し、その能力を認めて権限まで委譲してくれるということに無上の喜びを感じ、「リー将軍のためならば！」と一致団結して、後は戦場で鬼神のごとく戦った。見方によっては、リーは部下の荒武者たちを、うまくおだてて手なずけていたようにも感じられる。苦労人として育ち、また軍でも地道な事務仕事に長年取り組んできたリーは、南軍の高級軍人としては珍しく、そうした高いコミュニケーション能力を持っていた人間だったのだ。

フレデリックスバーグの戦い（1862年12月）やチャンセラーズビルの戦い（1863年4〜5月）といった、東部戦線の南軍による連戦連勝は、すべてこうした形で、リーが部下たちに戦場で縦横に腕を振るわせた結果により得た武勲である。前述したように、南部連合とはとにかく内輪もめが多かった体制で、あちこちで政治家や高級軍人たちがケンカを繰り広げていたのだが、リーの率いる北バージニア軍は例外的に、家族のように団結していた。その司令たるリーが、まさに全将兵を完全に手なずけていたからである。

そして、リー個人もまた積極攻勢を好む人物だったようである。アメリカ南部連合国とは、アメリカ合衆国という国家体制から南部の諸州を切り出して、独立国にするという目的で立ち上げられた政治体制である。そういう意味において南北戦争とは南部の独立戦争で、つまり「南部諸州の独立」が達成されさえすればよく、北部合衆国の殲滅などといったことは、本来構想してはいなかった。だから南軍はただ防御を固めて自領にこもり、北軍が侵攻してくるたびにそれを撃退さえしていれば、いずれ独立は既成事実化されるだろうといった考え方を持つ政治家や軍人が、南部には実に多かった。

リーは、そういう考え方に真っ向から異を唱えた人物だった。そもそも南部は北部よりも、人口や経済力で劣っている。であれば、戦争が長引けば長引くほど、独立の既成事実化どころか、むしろ南部はじり貧になっていく。南軍は積極的に北部方面へ侵攻し、ワシントンを占領して、そこでリンカーンに南部独立を承認させるくらいのことを狙わなければダメだというのが、リーの主張だった。1862年9月のアンティータムの戦いや、1863年7月のゲティスバーグの戦いは、そうしたリーの構想に基づいて行われた、南軍による北部への侵攻作戦だった（結果として双方とも失敗したが）。そのほかの戦場においても、とにかくリーが積極攻勢を好んだのは、「南軍は攻め続けていなければ北部に勝てない」という、彼なりの信念からだった。

しかしそうしたリーの積極攻勢構想は、次第に南軍の足腰の力を奪っていく。そのリーの指示する積極攻勢の現場では、前線部隊を率いる将校たちが次々と傷つき、倒れていったからだ。遂にはチャンセラーズビルの戦いで、ストーンウォール・ジャクソンといった北バージニア軍の大幹部までもが命を落とす事態となり、リーの「分権」をしっかりと受け止めて戦場で暴れまわることのできる優秀な軍人が、少なくなっていったのだ。1863年7月のゲティスバーグの戦い以降、リー率いる北バージニア軍が明らかに精彩を欠くようになったのは、こういう人材の問題が大きな理由の一つとされている。

そして1864年5月、リーにとって悪夢のような戦いが始まる。北軍総司令官に就任したユリシーズ・S・グラント将軍が、約12万人の兵を率いて、ワシントンからまっすぐリッチモンド方面へ南下してきたのである。策らしい策などほとんどない、リーのお株を奪う積極強攻作戦、オーバーランド作戦だった。

誇りと不滅の名声と

リーはそれでも北軍を散々に翻弄し、出来る限りの出血を強いたが、グラントは次々と出る死傷者を気にも留めないような形で、遮二無二リッチモンド方面への進軍を続ける。こうならないためのリーの積極攻勢策だったはずだが、もはやすべては遅かった。

1864年6月から、リーはボロボロになった北バージニア軍を率いて、リッチモンド南方にある要塞都市ピーターズバーグにこもった。彼はこのピーターズバーグとリッチモンドを接続する形で、東部戦線における南軍最後の防衛線を構築した。しかし、どこかから救援が来るわけでもない籠城で、まさに南部連合国の命運は、じり貧の末に尽きかけようとしていた。南部大統領デービスは、1865年2月に、何とリーを突然「南軍総司令官」に任命するのだが、すでにそんなことには、何の意味もなかった。

1865年4月初頭、ピーターズバーグの防備がもうもたないと判断したリーは、要塞から脱出してバージニア州西部を目指した。しかし、すぐに北軍がそれを追跡し、リーに逃げ続ける余力はなかった。4月8日、リーは落ちのびていたバージニア州アポマトックスにて、北軍に降伏することを決断する。一部の部下が、ゲリラ戦などを展開してなおも北軍に抵抗しようと叫んだが、リーはそれを諭してこう言った。

「それで、われわれはいったい何を達成できるのだね。そうして散らばった兵士たちには補給もなく、彼らは一般市民から食料などを強奪する以外に道がないだろう。それはアメリカじゅうを無法地帯に陥れ、秩序の回復にどれほどの時を要するか、わかったものではない。私がいまとりうる最善の選択は、降伏であると信じている」

偉大なるアメリカをつくり上げたリー家、ワシントン家の系譜に連なる者の誇りとして南軍に身を投じたロバート・エドワード・リーは、そのアメリカを守るために、北軍へ降伏する道を選んだ。

4月9日の午後、北軍のグラントにリーが降伏の意思を伝えたアポマトックス降伏会見は、今ではアメリカ史の伝説となっている。リーは真新しい軍服に身を包み、宝石をあしらった美しいサーベルを提げて会見場に現れた。一方のグラントは、（いつも通りの彼のスタイルではあったのだが）よれよれの、泥のはねたあとがついた軍服を着て、ジャケットのボタンもとめず、猫背で会見場に現れた。リーの態度は終始堂々としていて、彼に気をつかったグラントの態度もあってか、どちらが敗者なのかわからないといった評が当時からあった。

グラントは、この誇り高き南軍の将のプライドを少しでも傷付けないよう考え、南軍将兵の武装解除は行うが、身柄の拘束は求めないとし、下級兵士たちが軍馬を農耕馬として故郷に持ち帰ることを許可するという温情も与えた。またグラントは北バージニア軍の兵士たちが空腹に苦しんでいる状況を見て、北軍として彼らに食料を配布するとも明言した。

「これで南部の人々の感情もだいぶ和らげられるでしょう」

リーはそう言って、会見場から自身の司令部に戻っていった。南部のデービス大統領が南部連合政府の解散を宣言したのは翌5月で、こうしてアメリカ史における未曽有の内戦、南北戦争は終わった。

すでに述べたように、アメリカ南部連合国とは立ち上げのときから内輪もめがひどく、その結果、自滅のように亡んだ国家ですらあった。しかし、その滅亡していく国の運命をすべて背負って降伏したリーの姿は、当時から神々しさすら伴う南部精神の象徴だと喧伝《けんでん》された。評論家のロバート・ペン・ウォーレンは言っている。「（アポマトックスで）リーがグラントに剣を渡した正にその時、初めて南部連合国が誕生した……南部連合国は正にその死の瞬間に不滅性を獲得するに至った」（『南北戦争の遺産』）のだと。

北バージニア軍の降伏後、一人の兵士がリーに駆け寄って、こんなことを告げた。

「さようなら、リー将軍。神が閣下に祝福を与えられますように。南軍は降伏し、南部連合は崩壊しましたが、われわれは家に帰り、以前の3倍働いて、もう一度やってみます」

それだけのことを言わせる男が、ロバート・エドワード・リーだったのだ。

リーは戦後、形式的に国家反逆の罪で起訴されたが、実際に裁判が行われることはなく、身柄も拘束されなかった。1865年8月、バージニア州のワシントン大学から学長として迎えられ、1870年10月12日に肺炎にて63歳で死去するまで、その職にあった。

なお、リーが義父から引き継いだ奴隷農園は、南北戦争中に北軍に接収されて戦死者の埋葬場所にされた。それは現在でも、アメリカのアーリントン国立墓地として残っている。

北軍

ウィリアム・テカムセ・シャーマン

アメリカに現れた電撃戦の祖

William Tecumseh SHERMAN
1820-1891

『風と共に去りぬ』の名シーン

1939年に制作されたアメリカ映画『風と共に去りぬ』は、世界の映画史に残る傑作として知られている。周知のように、南北戦争時代のアメリカ南部ジョージア州を舞台に、そこで暮らす架空の奴隷プランテーション農園主、オハラ家の娘であるスカーレット・オハラを主人公とした物語だ。

この映画の一つのヤマ場が、ジョージア州に北軍が侵攻してくるくだりである。そのことを、映画は画面に大きく「SHERMAN!」というテロップを映し出すことで伝える。日本で発売されている『風と共に去りぬ』のDVDなどを見ると、この「SHERMAN!」のテロップには、「北軍の進撃！」といった日本語字幕が付けられていることが多い。しかしながら、「sherman」という英単語自体に「北軍」や「進撃」といった意味はない。ではいったい、この『風と共に去りぬ』の劇中に現れる「SHERMAN!」の語は何なのか。

まず答を書いてしまえば、これは史実において1864年5月から行われた、北軍によるジョージア州侵攻作戦の指揮官ウィリアム・テカムセ・シャーマン将軍の名前である。日本においてただ「ウィリアム・シャーマン」との人名を聞かされ、それがどういう人で、何をした人なのか、即座にわかるという向きは少なかろう。しかし、アメリカではただ映画に

「SHERMAN!」という文字を示すだけで、「ああ、南北戦争中のジョージア州侵攻の話なんだな」と、観客たちはわかるのだろう。だからこそ、『風と共に去りぬ』はそういった演出になっているわけだ。それくらい、シャーマンは南北戦争史のなかで、存在感のある人物だった。

そんなウィリアム・テカムセ・シャーマンは1820年、北部オハイオ州で生まれた。父親のチャールズ・ロバート・シャーマンは裁判官だったが、ウィリアム・シャーマンが9歳のときに病死してしまい、ウィリアムとその兄弟たちは、父の友人であった合衆国上院議員トマス・ユーイングに引き取られて暮らす。ユーイングはこの友人の遺児たちを熱心に教育し、育てた。ウィリアムの兄チャールズ・テイラー・シャーマンは裁判官になったし、弟のジョン・シャーマンは政治家になり、特に共和党創設メンバーの一人でもあった。そしてウィリアムはユーイングの勧めで1836年、ウェストポイント陸軍士官学校に進学する。

士官学校におけるシャーマンは学業成績優秀で、卒業時の席次も上から6番目とかなりのものだった。しかし、彼は一方で礼儀作法や身だしなみなどの規則面に無頓着で、陸軍将校として勤務し始めた後も、上からの覚えはめでたくなかった。そういうことの影響かどうかはわからないが、1846年に米墨戦争が勃発した際、多くの同僚たちはその最前線に出征していったが、シャーマンは後方であるカリフォルニアで、軍の事務官のような役職に就けられていた。

米墨戦争の終結後、シャーマンは戦闘経験のなさから、周囲と比べて明らかに昇進スピードが遅くなり、軍に不満を抱くようになる。そして１８５３年に軍に退役願を提出するのだが、その後に携わった銀行業や弁護士業で彼は次々に失敗。軍隊時代の友人たちが取り計らって、南部ルイジアナ州に設けられた州立軍学校に迎えられたのが１８６０年で、そこでシャーマンはひと息ついたものの、それからすぐの１８６１年４月に始まったのが、南北戦争だった。

その内乱勃発時、シャーマンは仕事の関係でたまたま南部ルイジアナ州にいたわけだが、もともと彼は北部の生まれで、南部には何の地縁もなかった。南部連合国に加盟したルイジアナ州の役所からは、シャーマンに対して南軍に協力するよう要請があったが、彼はそれを即刻断って、北部に戻った。

北軍に再入隊してまず大佐の、そして将軍の肩書を与えられたシャーマンは、１８６１年7月21日の、南北戦争における初めての本格的戦闘、第1次ブルランの戦いに参加した。しかし、この戦いで北軍は敗北。シャーマンも肩と足を負傷して、撤退を強いられた。この第

1次ブルランの戦いにおける北軍の敗北は、惨敗、潰走と言っていいほどみじめなものだったわけだが、シャーマンは北軍全体のなかでは手堅く部下たちをまとめ、整然とした退却を指揮できていた、珍しい存在だった。北軍上層部はこれによってシャーマンを高く評価し、1861年10月、ケンタッキー州の部隊指揮官に任命する。

グラントとの名コンビ

ケンタッキー州はいわゆる境界州で、南北戦争の初期、その動向が非常に注目された、重要な戦場だった。そこへの赴任命令が出たことは、間違いなく軍上層部からの期待の表れである。しかし、シャーマンは逆に当惑していた。そういう政治的にも重要な戦場は、自分の手に余ると考えていたのである。

そもそもシャーマンは、軍上層部の評価に反して、ブルランでの自分の働きにも懐疑的だった。指揮官たる自身が負傷し、部隊として撤退に追い込まれたことは、何ら誇るべき業績ではないと、彼は自分を責めていた。そういう感じで気落ちしているところに加えて、ケンタッキー勤務のストレスが、彼に重くのしかかった。もともとシャーマンは精神的にはひ弱な人物で、民間人のころ事業に失敗したときもそうだったのだが、ストレスに押しつぶされて精神的なバランスを欠いてしまうようなことが、その人生のなかでたびたびあった（歴史家のなかには、シャーマンは鬱《うつ》病患者だったのではないかと指摘している人もいる）。ケンタッキーに来て以降の彼には、ある種の奇行が目立つようになり、ついに新聞に「シャーマンは頭がおかしいのではないか」などと書かれて、一時軍を休職することになる。

シャーマンの北軍復帰は1861年末ごろの話だったらしいが、軍上層部は彼を前線からは遠ざけ、西部戦線における後方の補給担当官に就けた。しかし、そういう立場で現場部隊に日々補給物資を届けていた仕事のなか、シャーマンは西部戦線の最前線で愚直に戦い続ける、ユリシーズ・S・グラント将軍に出会った。

シャーマンはグラントに対して、自分と同じ匂いのする人間だと感じた。一時軍隊を辞め、民間でビジネスを始めて大失敗したところ、自己顕示欲と無縁であるところ、そしてグラントはアルコール依存症、シャーマンは鬱傾向という、何か精神的に弱い点があるところ――。シャーマンはグラントより2歳上で、初めて会ったとき、軍内の序列でもシャーマンのほうが上位にあった。しかし、シャーマンはこのグラントの下で働きたいと熱望するようになり、それは軍上層部にも受け入れられた。

以後、シャイローの戦い（1862年4月）でもビックスバーグの戦い（1862年12月～

63年7月）でも、グラントの横には常にシャーマンの姿があり、基本的にシャーマンは、グラント配下の師団長として、西部戦線の各地で戦っていく。軍隊の上官、部下といった関係以上に、彼らはお互いに精神的な不調に陥ったときなど、腹蔵なく悩みを打ち明けられる、無二の親友同士となっていった。

1863年の終わりごろまでに、ケンタッキー州やテネシー州、またミシシッピ州ビックスバーグ要塞などの西部戦線の要衝の多くは、北軍の手に落ちた。そして1864年春、グラントはその功績を認められて首都ワシントンに召喚され、北軍全体の総司令官になった。しかしシャーマンはそのまま西部戦線に残り、その戦線を統括する北軍トップの地位に就いた。東部に去ったグラントがシャーマンへ課していった任務は、南部連合内でトップクラスの富裕州と言ってもよかった、ジョージア州の制圧だった。いよいよ映画『風と共に去りぬ』でも描かれた、シャーマンによるジョージアへの侵攻作戦（アトランタ作戦）が開始されようとしていた。

民間人の犠牲をいとわない「総力戦の祖」

ジョージア州の大地は、独特の赤い色をしている。その土はケイ素や鉄分などを豊富に含み、南北戦争当時はもちろん、現在に至るまで、アメリカを代表する農業地域たるジョージアの名を支えてきた。ビックスバーグ要塞陥落をもって完成した北軍の対南部経済封鎖網によって南部経済は崩壊を始めており、特に南軍は補給に苦しむようになったが、ジョージアはそれ自体が巨大な食糧生産基地であり、同州の守備隊は自領にこもって防御に徹している限り、そう補給には困らないと踏んでいた。またシャーマンがジョージア州に向かって動き出す以前に、同州が激しい戦闘に巻き込まれたこともなく、ジョージアには物資を豊富に持つ強兵が「北軍、何するものぞ」との意気込みで待ち構えていた。こういう州を攻略するという、どう見ても難易度の高いテーマに、シャーマンは挑むことになった。

では、シャーマンはこうしたジョージアを守る南軍部隊と、具体的にどう戦ったのか。結論を言えば、シャーマンはジョージアで「戦わなかった」のである。

それはどういうことか。シャーマンの部隊がジョージア州の北隣、テネシー州から進撃を開始したのは1864年5月初頭のことだったが、その部隊は歴史家のサムエル・モリソンが書くところによると、「最小限度の食糧と装備を持つだけに制限され、先任将校のテントさえ許されなかった」（『アメリカの歴史』）。すなわち、そうした身軽で素早く動ける部隊をシャーマンは次々にアトランタ方面へ向けて繰り出し、南軍部隊の戦闘態勢が整う前にジョ

アトランタの戦い（1864年）

ージア州の各地へ浸透。橋や物資補給所などの重要拠点を、無傷で制圧していったのである。すでに南軍が防備を固めている地点はあえて迂回し、その裏側から回り込んで包囲、降伏をうながすといった方針をシャーマンは一貫してとった。こうしたシャーマンの攻勢の前にジョージア州都アトランタが失陥するのは1864年9月のことだが、そこに至るまで、南北双方が戦闘部隊をずらりと並べ、正面から激突したような例は、6月27日に起こったケネソーマウンテンの戦い、ただ1度きりしかない（おまけにこのとき、北軍は負けている）。

シャーマンの基本戦略は、このような徹底したスピード重視のものだったから、彼は鉄道による兵員輸送も積極的に行った。また同時に、シャーマンは南軍側が使っていた鉄道路線に関しては、これの徹底的な破壊を指示した。

南軍側の使う鉄道レールをはがし、焚火に投入して真っ赤に熱する。そうして柔らかくなったレールを丸太などに巻きつけて、グルグルと曲げる。その上で水をかけて再び固くし、その辺りに放置しておけば、後から南軍の修復部隊が駆け付けても、現場で再びレールをまっすぐに戻して再敷設することは、非常に困難だ。このように、北軍がグルグル巻きにした鉄道レールの姿が、首に巻かれたネクタイのように見えたところから、「シャーマンのネクタイ」と呼ばれた。

シャーマンは配下部隊への食糧の補給に関し、現地調達、すなわちジョージア州民の農場や家を襲って、略奪すべしという方針を示した。また、制圧した南軍の軍事施設は徹底して破壊するようにとも命じたが、これは現場で拡大解釈され、北軍兵は民間の農場や商店なども襲撃し、焼き払った。そしてシャーマンは、そういう部下たちの行動をあえて止めなかった。

批評家のエドマンド・ウィルソンはこう言っている。

「シャーマンは、旧式な戦闘形態、すなわち、戦列を整えて敵軍に対峙するという形態を見事に廃止してしまったのである。［…］シャーマンは兵站《へいたん》基地から離れ、輸送手段や装備を最小限に抑え、兵隊の食料は現地調達しながら、南部での大進軍をやってのけた」(『愛国の血糊』)

こうしてジョージア州の南軍守備隊は、戦うことなくシャーマンに追い込まれていった。豊かなるジョージア州の大地は、延々たる焼け野原と化し、そこにはボロを着た女性や子供たちが、べソをかきながらうずくまっていた。

19世紀当時の戦争には、まだ騎士道的なモラルを守りながら遂行するものという価値観が残っていて、特に南部連合の軍人たちには、そういう精神を大切にする人々が多かった。また、当時の戦争にあって、軍隊が民間人を攻撃対象にするなどといったことは、まず考えられない、常識はずれな行動だった。ジョージア州の守備隊を率いていた南軍のジョン・ベル・フッド将軍はシャーマンの作戦に怒り狂い、戦いの最中、軍使を送って正式にこう抗議している。

「貴官が行ったジョージア州への前例なき破壊行為は、研究し尽くされた巧妙な残虐性を持つもので、これまでの戦争のあらゆる暗黒面をしのぐものだ。私は貴官に、神と人間の名において抗議する」

ただ、シャーマンはまるでそれへの返答であるかのように、作戦遂行中の6月26日、こんなことを言っている。

「われわれは土地を荒らしつくし、牛馬は小麦やとうもろこしをあとかたもないほど食いつくした。人々はわれわれの行く前に姿を隠し、後には荒涼として何もない。戦争とはどんなものか、知りたければわれわれの後についてくるがよい」

同じころ、東部戦線ではシャーマンの盟友であるグラントが、南部連合国首都リッチモンドに対する侵攻作戦、オーバーランド作戦を遂行していた。圧倒的な兵力で、策らしい策もなく、自軍にどんな損害が出ようが力押しに押し続けるという、これまた当時の軍事常識からは外れた戦法でもって、グラントは南軍側の東部戦線主力・北バージニア軍を壊滅寸前のところまで追い込んでいる。

このグラントのオーバーランド作戦と、シャーマンのジョージア州侵攻作戦をもって、南軍はほとんど主体的に動ける能力を喪失してしまったと言っていい。南北戦争それ自体は、1865年4月の北バージニア軍降伏まで続くが、そこへ至るまでの道は、北軍が散発的な南軍の抵抗を抑え込む消化試合のようなもので、戦争それ自体の事実上の決着は、1864年夏の、グラントとシャーマンの作戦で付いた。そしてこの2人の作戦とは、それまでの軍事の常識を大きくくつがえすものだった。多くの歴史家が、このグラントとシャーマンをもって「総力戦の祖」とする所以である。個人としては勇猛でもなく、誇り高くもない、しかしそれゆえに、人間の弱さというものを熟知していたこの北軍の2人の将軍こそが、南北戦争において軍事の歴史を、新しい局面にいざなったのだ。

白人と黒人の平等など信じない

南北戦争終結後、グラントは周囲から推されて大統領になるが、シャーマンはその友の行動を、冷ややかに見ていた。シャーマンのところにも政界進出をうながす声はあちこちから届いたが、その都度シャーマンはピシャリと拒絶し、グラントから引き継いだ陸軍総司令官職を、1869年から83年まで務めた。

しかし別にシャーマンは、非政治的な人間だったわけではない。むしろ彼は個人としては、さまざまな政治的意見を持っていた人物だった。まずシャーマンは、アメリカの奴隷解放を成し遂げた北軍の将官だったにもかかわらず、白人と黒人の人種的平等などまったく信じていなかった。当時の奴隷解放運動家に熱心なクリスチャンが多いのを見て、「道徳的な問題は、商業上の理由で南部人が黒人奴隷を必要としている事情を超えられないだろう」などと語り、「黒人は奴隷であるべきだ」と公言していた。また、彼は極端なマスコミ嫌いで、新聞が軍事作戦を面白おかしく書くことや、取材によって軍事情報が洩れることなどを問題視し、「戦争に勝つために必要なことは、まずすべての新聞を発禁にすることだ」などと話していた。おまけにシャーマンは、民主主義という考え方自体にも何か懐疑的であったようで、社会とは一部の優秀な偉人、哲人によって率いられることが正しいと信じ、「民の声などというのは、たわごとだ」との見解も示している。

けれども、それはあくまでもシャーマン一個人としての思想に過ぎない。彼は民主主義国家アメリカ合衆国の軍人、すなわち公務員として、エイブラハム・リンカーンそのほか、政治家たちから降りてくる指示などには、原則的に忠実だった。彼個人は黒人を差別的に見ていたが、軍の仕事として南部からの逃亡奴隷を保護する任務には従ったし、戦後も一部の南部諸州で黒人が組織的に脅迫されるなどの事案に関し、政府の命令としてそれをやめさせるよう、軍を動かすこともしている。またシャーマンは、個人として民主主義に懐疑的であったからこそ、民主主義の仕組みを利用して選挙に出ることもせず、生涯政界とは無縁だった。そういう意味では、自分の分というものをよく知っていたのが、シャーマンという人間だった。

1884年に陸軍を退役したシャーマンは、ニューヨークに住んで、北部社会の名士として過ごした。グラントが口下手でぶっきらぼうな人間だったのに対して、シャーマンはその辺りは友に似ず、社交パーティーに出ることなどを好み、演説などもうまかった。よって政治家として失敗し、借金まみれになり、がんとの闘病生活に苦しんだ晩年のグラントとは異なって、シャーマンの引退生活はかなりきらびやかだった。

1891年2月14日、シャーマンは肺炎のため71歳で死んだ。その葬儀は2月19日に行われたが、極めて寒い冬の日だった。その葬列のなかに、南北戦争のさまざまな戦場でシャーマンと対峙した南軍の元将軍、ジョセフ・ジョンストンがいた。コートを着ずに葬列に加わっていたジョンストンに対し、周囲が「あたたかい格好をしたほうがいい」と助言した。するとジョンストンは、「逆の立場だったならば、シャーマンはコートを着ないと思うよ」と言って、そのままの服装を貫いた。葬儀の後、ジョンストンは重い風邪をひき、それがたたって3月21日に死んだ。

第7章

戦後の「戦い」

南軍　ジェームズ・ロングストリート

James Longstreet

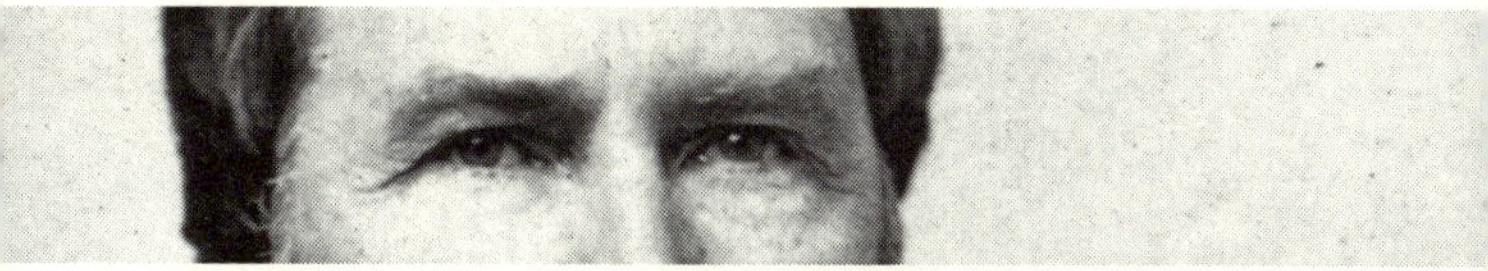

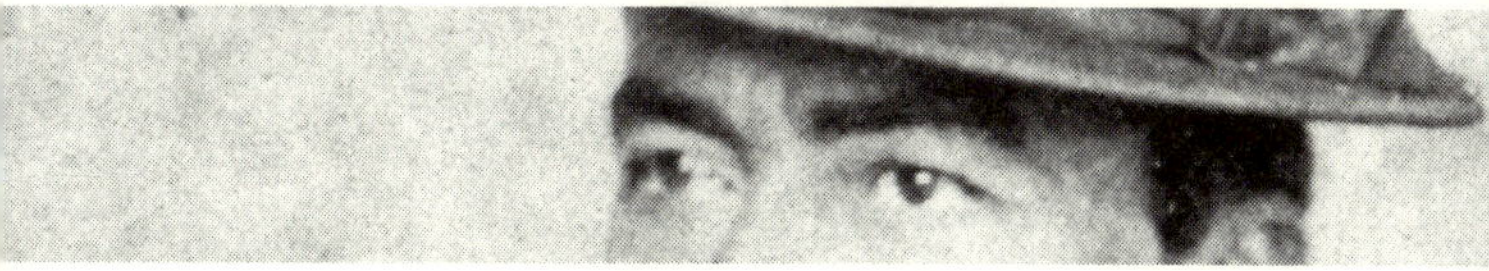

Philip Henry Sheridan

フィリップ・H・シェリダン　北軍

1865年4月、そのとき南軍総司令官に任じられていたロバート・エドワード・リー将軍は、北軍のユリシーズ・S・グラント将軍に降伏。また翌5月、南部連合国大統領のジェファーソン・デービスは、南部政府の解散を宣言し、ここに丸4年をかけ、60万人もの戦死者が出た、アメリカ史上最大の戦争、南北戦争は終結した。

しかし、日本における太平洋戦争の結果が、戦後の日本人の生活や思考を大きく規定したように、南北戦争もまた歴史に残る大戦争の常として、その後のアメリカ人のものの考え方に、非常に大きな影響を与えた。

まず南部の人々は、北軍によって自分たちが昔から保持してきた黒人奴隷制度を否定され、また故郷を焼け野原にされたことに関して、すさまじい恨みを持つこととなった。戦争が終わってから大して時も経たないうちに、南部社会のなかからは「戦争には負けたが、南部の大義は間違っていなかった」とか、「南軍はただ北軍の物量に負けただけで、戦闘そのものでは勝っていた」などといった、いわゆる歴史修正主義的な意見がさまざまに叫ばれるようになり、これを「失われた大義」史観と呼ぶ。

北軍に最後まで頑強に抵抗し続けた南軍の将、ロバート・エドワード・リーは、まさにそうした「失われた大義」派の南部人たちから聖人視されるようになっていき、その行動にはいちいち過剰な意味付けがなされ、完全なる無謬《むびゅう》の存在のように言う人々も増えていく。しかし、リーはどう取りつくろっても敗軍の将である。戦場などにおける失敗も、いろいろとある。そこで、ある種のスケープゴートにされたのが、戦争中、リーの片腕として南軍内で大きな働きをしていた、ジェームズ・ロングストリート将軍だった。

繰り返すが、ロングストリートはもともとリーの忠実な片腕で、リーも大きな信頼を寄せていた人物である。それが戦後になると一転、「失われた大義」派は、リーの失敗はロングストリートの裏切り、サボタージュの結果だったなどと言い募るようになり、果ては一部の南部人が、ロングストリートを襲撃して銃で撃つような事態にまで発展した。

ロングストリートはそういう流れに激怒し、戦後はむしろ北部・共和党寄りの人物になっていき、「失われた大義」派を口を極めて批判したが、南部のそうした歴史修正主義は一向に改まらなかった。それがいまなお続く、アメリカの黒人差別を擁護してきた部分もある。

また、南北戦争のなかで北軍のグラントやシャーマンが模索した「総力戦」の概念は、いわばその弟子的な存在であるフィリップ・シェリダン将軍によって高度に確立される。シェリダンは南北戦争後、インディアンを破滅に近いところにまで追い込んでいく軍人だが、その戦略思想は南北戦争の戦いのなかで形成されたものだったと言っていい。そして、そういうアメリカ人の戦争に対するものの考え方は、第2次世界大戦における戦略爆撃や原爆投下といったやり方にまで、つながっているのである。

南軍

ジェームズ・ロングストリート

「リーの片腕」から「南軍のユダ」へ

James LONGSTREET
1821-1904

失われた大義

南北戦争の終結から9年が経った、1874年9月14日のことである。南部ルイジアナ州の都市ニューオリンズで、元南軍の将軍だったジェームズ・ロングストリートが、暴徒と化した民衆に銃で撃たれた。ロングストリートは一命をとりとめたが、この時期、南部のために文字通り命をかけて過酷な内戦を戦い抜いた彼は、多くの南部の民衆から、深く恨まれる存在になっていた。彼をして、「南部連合国のユダ（裏切者）」であるかのように見なす言説は、南北戦争終結間もないころから20世紀の後半くらいまで、さまざまな書物に平然と載っていたものだった。

南北戦争中、ロングストリートは南軍随一の戦上手、ロバート・エドワード・リーの右腕と、まさにあらん限りの讃辞を贈られ、多くの南部の民衆から仰がれていた存在だった。しかし、なぜそれが戦後、このようなことになってしまったのだろうか。

南北戦争が終結したのは、一般に1865年4月9日、バージニア州アポマトックスで、南軍総司令官のロバート・エドワード・リー将軍が、北軍総司令官ユリシーズ・S・グラント将軍に降伏したときだとされている（南部連合国大統領ジェファーソン・デービスが正式に南部政府の解散を宣言したのは、その翌月）。多くの南部人はその敗北に打ちひしがれたが、しかし彼らは決して、いつまでも泣いてはいなかった。

南北戦争が終結した翌年の1866年、南部連合国の旧首都リッチモンドで新聞記者をしていたエドワード・ポラードなる人物が、『失われた大義――南部連合国の新しい戦いの歴史』というタイトルの本を出版した。その本でポラードが主張したところによると、南北戦争とは――北部がそう主張したような――アメリカ合衆国内の南部諸州が企てた単なる反乱といったものではなく、北部（アメリカ合衆国）と南部（アメリカ南部連合国）という、「まったく違う文明を持った2つの国家」が、その差異ゆえに必然的にぶつかり合ってしまった、「理念の戦争」だったという。

さらにポラードは、南部の文明とは黒人奴隷制度こそに立脚しており、その奴隷制は南部の白人たちに「騎士道の精神」や「礼節の心」を与え、また「肉体労働の必要性を軽減させた」ゆえに、南部に「洗練された文化」を生んだのだといったことを説いた。そしてポラードは、南部は確かに南北戦争に敗れたのかもしれないが、こうした高貴な南部文明を維持するための「思想戦争」は続けねばならないとし、このように訴えた。

「いまや南部に残されているのは《理念の戦争》である。［…］今こそ、南部がその優越的文明の意義を確信するときである。今こそ、南部はその伝統的文学や学問の保持に努めなければならない。［…］国家としての南部は消滅したかもしれない。だが、社会的・精神的南部は存在し続けるのである」

このポラードの言説は、敗北に打ちひしがれていた南部人たちに喝采され、全南部に急速に広がっていった。そして当初、そのポラードの主張をうけて南部人たちは、「われわれは軍事的には北部に敗北したが、精神的には負けていない」などと主張していたのだが、次第にそれも変わっていった。つまり、「南北戦争の戦場において、南軍の軍人は実は北軍の軍人よりも強かったのだが、単に北部の圧倒的な物量の前に敗北しただけだった」といった話が、南軍の元将兵らによって盛んに喧伝されるようになったのだ。

こうした流れの果てに、南部ジョージア州出身のエマ・ルコントは、自身が間近に見た、北軍ウィリアム・シャーマン将軍による焦土作戦に関して、こう論評した。

「我々の兵士を打ち負かせないので、彼らはこんなやり方で暴れ回るほかないのだ」

つまり北軍とはそもそも南軍よりも弱く、ゆえに北軍は物量に頼ったり、非道徳的な作戦を遂行したりするしかなかったのだとルコントは言い、こうした彼女のような主張も、また南部で広く受け入れられていく。そして南北戦争終結からほんの数年ほどで、「南部は実は（軍事的にも精神的にも）北部に負けたわけではない」といった摩訶《まか》不思議な言説が、南部のあちこちで語られるようになっていくのである。このような主張を、ポラードの書いた本のタイトルからとって、「失われた大義」と呼ぶ。

南部におけるこの「失われた大義」の流行は、結果として、南北戦争中の南軍の行動を、さまざまな理屈をつけて正当化する論を生んでいく。その代表的かつ象徴的なものが、「ロバート・エドワード・リー無謬説」だった。もちろん、リーは南北戦争中から、多くの南部人たちに非常に尊敬されていた存在だった。しかし、戦後の「失われた大義」の流行は、そういうリーの戦争中のさまざまな行動に過剰な意味づけをする風潮を生み、「リー将軍のような偉大かつ高潔な南部人には、一切の間違いがなかった」といったことを真顔で主張する人々が、南部のそこかしこに現れるようになった。そしてリーが1870年に死去すると、彼の神格化にはますます拍車がかかるようになった。

しかし実際のところ、リーはどう取りつくろっても敗軍の将である。戦場において、いろいろと失敗を犯したこともある。しかし、「失われた大義」に酔った戦後の南部人たちは、そういうリーのしくじりとは、卑怯な北軍の策略にはまった結果であり、もしくは南軍内にいた北部のスパイによるサボタージュの結果なのだという解釈を生んでいく。そしてこういう流れのなかで槍玉にあげられたのが、ジェームズ・ロングストリートという、元南軍の将軍だったのである。

リーの片腕として活躍する

ロングストリートは1821年、南部サウスカロライナ州に、奴隷農園主の息子として生まれた。父親は早くからロングトリートをウェストポイント陸軍士官学校に進学させ、軍人にしようと考えていた。それで、それにふさわしい教育を与えるべく、ロングストリートは9歳のとき、叔父のオーガスタス・ロングストリートに預けられた。オーガスタスは弁護士であり、作家であり、大学教授でもあるという教養人だった。

1838年にロングストリートは無事、ウェストポイント陸軍士官学校に入学するが、その学校ではなかなかの問題児として過ごした。彼の父親や叔父は、ロングストリートの少年時代から「将来は軍人に」との思惑で、射撃や乗馬などを熱心に教えてきたものだったから、ロングストリートは士官学校に入っても、もっぱらスポーツに熱中し、学問をおざなりにしがちだった。結果、彼は卒業時の席次で56人中、54位という成績だったが、性格は快活で明るく、友達は多かった。そのなかには、後の南北戦争で北軍総司令官になる、ユリシーズ・S・グラントもいた。

1846年からの米墨戦争に従軍したロングストリートは、さまざまな戦場で勇敢に暴れ回り、足を負傷して後送されるが、上官や周囲から「優秀な軍人だ」と評価された。その後は合衆国西部地域の辺境でインディアン対策などに従事していたが、1861年春に南北戦争が勃発するや、合衆国軍を辞めて南軍に投じた。

ロングストリートはまず1861年5月に南軍の中佐に任命され、翌6月には南部大統領ジェファーソン・デービスに直接面会して、将軍の地位を与えられた。同年7月に起こった南北戦争初の本格的戦闘、第1次ブルランの戦いでは大した活躍ができなかったが、1862年春からの半島作戦では、南部連合国首都リッチモンドに迫る北軍部隊をたくみに翻弄し、その進撃を阻み、同僚や上官、特にロバート・エドワード・リー将軍の信頼を勝ち取った。

ロングストリートもほかの南軍軍人と同様、リーの人柄には心服していた。リーが率いた東部戦線の南軍主力、北バージニア軍の幹部となったロングストリートは、リーの好んだ分権型の作戦、すなわち部下に大幅に権限を委譲して、現場で好きなように戦わせるというスタイルにズバリと合ったタイプで、まさにリーの期待にこたえ続けた。同じく、リーの信頼した部下にストーンウォール・ジャクソン将軍がいたが、リーはこの2人をつねづね「私の右腕だ」と呼んでおり、つまりロングストリートとジャクソンこそは、北バージニア軍の

「両腕」だった。歴史家のジョン・A・ギャラティはロングストリートについて

「冷静、有能、柔軟で、一流のポーカー・プレーヤーとの評判が高かった」（『知っておきたいアメリカ史1001』）と書いており、まさに南軍を代表する戦上手と見る向きも多かった。

南北戦争中におけるロングストリートの活躍として特筆すべきものに、1862年12月に起こったフレデリックスバーグの戦いでの行動がある。北軍のアンブローズ・バーンサイド将軍が、北部合衆国首都ワシントンから南部連合国首都リッチモンドを目指して、約11万人の兵を率いて南下。それを食い止めるべく、リー率いる南軍、北バージニア軍が、バージニア州のフレデリックスバーグで、北軍を迎え撃った戦いである。

このとき、南軍の主要部隊の指揮権をリーから預けられたロングストリートは、高台に強固な防御陣地を築き、14回にわたるバーンサイドの歩兵突撃を完全に粉砕した。南軍の完勝、北軍の大惨敗としか言いようのない結果に、このフレデリックスバーグの戦いは終わり、ロングストリートの武名はますます高まった。そしてロングストリートはこの戦いをきっかけに、南軍はただ自領内で防備を固め、攻め込んでくる北軍を撃退し続けることが最良の策ではないかとの考えを、強く抱くようになる。

南部信奉者からの攻撃

ところで1863年7月1〜3日にかけて行われたゲティスバーグの戦いにおいて、ロングストリートとリーは、ちょっとしたいさかいを起こした。1日目と2日目の戦いで、南北両軍ともに決定打を打てない状況が続いたことをうけて、リーは3日目、大胆な賭けとして、北軍の中央部に強行突撃をかけると宣言したのである。ロングストリートはこれに対し、まるでフレデリックスバーグの戦いの逆パターンだと必死に止めたのだが、リーは突撃を決行。果たして南軍は惨敗し、リーはゲティスバーグからの撤退を余儀なくされる。しかし、リーはこの失敗について部下に責任を転嫁するようなことはしなかったし、ロングストリートもまた、その後のリーに忠実に仕え続けた。

南北戦争が終結するまで、この2人はずっと理想的な上官と部下だった。特に1865年4月9日、バージニア州アポマトックスでリーが北軍総司令官グラントに対して降伏する際、ロングストリートは「グラントは公平な男です。しかし、もし彼が無礼な態度をとったら、そこで会見を打ち切って帰ってきてください」と言って、リーを送り出している。そして実際にグラントは、リーにこの上ない敬意をもって対応した。

しかし、こういう2人の幸せな関係は、戦後に大きく変わる。

「失われた大義」の信奉者たちがロングストリートへの批判を始めるのは、リーが死去してから2年が経った、1872年ごろからの話だったという。ロングストリートと同じく、北バージニア軍でリーの部下を務めていたジュバル・アーリー元将軍らが、「ゲティスバーグで南軍が負けたのはリー将軍のせいではなく、その作戦計画を邪魔したロングストリートに責任がある」といったことを訴え出したのである。ロングストリートとしては意味不明の難癖に近く、そのため当初はまともに取り合わなかったのだが、これが災いした。アーリーらはほかにも、ゲティスバーグ2日目の戦いで、ロングストリートが早朝から作戦行動をとらなかったのはリーへのサボタージュだったとか、またロングストリートがしばしば西部戦線の重要性をリーに訴え、実際に戦争中、一時的に北バージニア軍を離れて西部への助力に行っていたのもリーへの反抗だったとか、現実にはリーもそれらロングストリートの行動を認め、特に批判した形跡のない事柄について、散々な批判を展開したのである。

アーリーらがロングストリートを裏切者に仕立て上げたのには、ほかにも理由があった。北軍総司令官だったユリシーズ・S・グラントは、1868年の大統領選挙に共和党から出馬し、見事に当選を果たしてアメリカ合衆国のリーダーとなっていたのだが、ロングストリートはこのグラントの選挙を応援し、共和党に入党していた。これをアーリーらは「南部への裏切りだ」として、厳しく責め立てた。

前述したように、ロングストリートにとってグラントは士官学校時代からの友人で、かつグラントの妻ジュリアはロングストリートの親戚であり、そのためロングストリートとグラントは家族ぐるみの付き合いをしていた。ロングストリートのグラント支援はそういう文脈上の話であって、また南北戦争に敗れたいま、南部人が無用に北部とことを荒立てるのはよくないと、彼は思っていた。しかし、そういうロングストリートの意見は、「失われた大義」の支持者たちにはまったく響かなかった。

長すぎる戦後と割れる評価

ロングストリートは戦後、南部ルイジアナ州のニューオリンズに住んでいた。南北戦争後の南部諸州では北軍による軍政が1877年まで敷かれており、つまりは完全な共和党の影響下にあった。そしてロングストリートは、北軍側から見て信頼できる人物として、ニューオリンズの民兵隊、治安維持部隊の責任者を任されていた。

1874年9月14日、そういう北軍による軍政に反感を抱いていたニューオリンズの市民約5000人が、反共和党で一致して暴動を起こした。その騒ぎを鎮めるべくロングストリートが駆けつけたところ、彼は市民によって馬から引きずり降ろされ、銃で撃たれた。ロングストリートが率いていた治安維持部隊に、多数の黒人が入っていたことも、暴動側の怒りに火を注いだ。ロングストリートは一命をとりとめたが、この「リバティプレイスの戦い」と呼ばれた暴動は、９月17日まで続いた。

翌１８７５年から、ロングストリートはたまりかねて、「失われた大義」派による自分への批判に反論を始めた。しかし彼は理路整然と説得するというよりも、南軍の元同僚たちに向かって、「ゲティスバーグ戦で敗北した責任が私にあるというのならば、その証拠を出せ」などと居丈高に要求し、南部人たちとの溝はますます広がっていった。

一方で北部の側から見れば、ロングストリートはこの上ない自分たちの理解者であり、内戦終結後の「南北の和解」を象徴するような存在だった。ロングストリートは元北軍軍人らの集会などに頻繁に呼ばれ、そこで講演を頼まれた。ロングストリートとしては、今さら「失われた大義」派に同調したり遠慮したりする気はなかったので、そういう場で「自分が戦場で戦った北軍は非常に強く、南軍は純粋に力がおよばなかったので負けた」といった話を繰り返した。北部人はこれにヤンヤの喝采を送ったが、ロングストリートと「失われた大義」派との関係は、もはや修復不能にまでなっていった。

こうなるともう、ロングストリートと「失われた大義」派との論争は、売り言葉に買い言葉のようになっていく。ロングストリートは1896年に自伝を出版しているが、そうした言論活動のなかでリーについて、「ゲティスバーグでは冷静さを欠いており、気分に従って動いていた」などと痛烈に批判している。実際の戦場において、ロングストリートがリーをそこまで批判的に見ていた形跡はないのだが、もう歴史の歯車は戻らなかった（ちなみに「失われた大義」派の天敵だったジュバル・アーリーに関して、ロングストリートは口を極めて罵倒し続けていた）。

しかし「失われた大義」派は、こうしたロングストリートの意見を一顧だにせず、ますます「南部連合国は正しかった」というような意見で凝り固まっていく。南部における北軍軍政の終了後、再び白人勢力が盛り返して黒人の公民権を奪い、KKKなどが跋扈し、現在に至るまで南部で黒人差別が絶えないことの背景には、間違いなくこの「失われた大義」的な考えがあり、今なおそのイデオロギーを真剣に信奉している南部人も少なくない。

一方でロングストリートは毀誉褒貶にまみれ、特に南部側からは「どうしようもない無能、裏切者」といった批判を浴びせられ続けた。そういうことが影響し、アメリカの歴史家たちも長く、「ジェームズ・ロングストリートとは何者だったのか」の検証を避けてきた部分がある。南北戦争が終結してから160年近くが経つが、実は今なおロングストリートについては、実証的な研究に基づく評価が定まっていない。

ロングストリートは南北戦争後、長命を保った。特に戦後の政界を牛耳った共和党と近かったので、さまざまな公職も歴任している。面白いところでは１８８０～８１年にかけて、オスマン帝国駐在公使を務めた。また、１８９８年に勃発したアメリカとスペインの戦争、米西戦争に際しては、77歳の身で出征したいと軍に志願したりもしている（当然、許可されなかったが）。その前年の１８９７年には、何とロングストリートは76歳にして、当時36歳の女性、ヘレンと結婚（ロングストリートにとっては１８８９年に死別したルイズに次ぐ、２人目の妻だった）。老いてますます壮んであった。

ロングストリートが死去したのは、20世紀に入ってからの１９０４年だった。晩年はリウマチやがんに苦しんでいたが、直接の死因になったのは肺炎で、当時としてはかなり高齢の、82歳で逝った。彼を批判したほとんどの元同僚よりも、長生きだった。そして彼の若き妻ヘレンは、１９６２年まで存命だった。

北軍

フィリップ・H・シェリダン

アメリカ的「総力戦」の完成者

Philip Henry SHERIDAN
1831-1888

グラントの忠実な部下

南軍総司令官ロバート・エドワード・リー将軍が1865年4月9日に北軍へ降伏し、同年5月5日、南部連合国大統領ジェファーソン・デービスが同国政府の解散を宣言した後、つまり南北戦争がめでたく北部の勝利で終結したその時期、一団の北軍騎兵部隊が殺気立った雰囲気を残したまま、アメリカの大地を西部テキサス州へ向かって走り続けていた。

確かに南北戦争は大枠で終了したが、まだ辺境地域などには降伏を拒み、ゲリラ活動などを続けている南軍の小部隊が存在した。そのなかの代表的なものが、テキサス州に陣取るエドマンド・カービー・スミス将軍の部隊だった。

この時期、北軍は5月23日から合衆国首都ワシントンで、戦勝記念の大パレードを行う準備を進めていた。そのため、それまで全米各地で戦っていた北軍部隊にはワシントンに帰還するよう指示が出され、早々とワシントン入りした軍人たちが、朗らかな笑顔でその首都の大通りを闊歩《かっぽ》していた。

しかし、北軍総司令官ユリシーズ・S・グラントはある部下の将軍に対して、「貴官はワシントンに帰還せず、西へ向かってスミスを討て」と命じた。それがテキサスに向かってひた走る騎兵部隊の指揮官フィリップ・シェリダン将軍だった。

グラントには、信頼する盟友ウィリアム・テカムセ・シャーマン将軍がいた。この2人はタッグを組んで、「総力戦」の原型を南北戦争のなかでつくりあげ、そして南軍を撃破した。しかしグラントにはもう1人、こちらは忠実な弟子のごとき部下がいた。それがグラントより9歳下の、シェリダンであった。

スミスはシェリダンが西部にたどり着く前の6月2日、自発的に降伏する道を選んだ。これで南軍を名乗る戦闘部隊は、本当に小規模なゲリラ以外、あらかた壊滅して終わった。それでは遂にシェリダンもワシントンへ帰れるのか。そう思った矢先、またグラントから別な命令が来た。それは「メキシコとの国境地帯まで急行し、そこでメキシコ領内をうかがいながら部隊を展開させせろ」というものだった。

実はアメリカが未曽有の内乱である南北戦争を戦っていたころ、その南隣の国メキシコも、内乱に揺れていた。メキシコはもともとスペイン植民地だった。そこから1821年に一応の独立を果たしたものの、いつまでも白人の地主階層などが威張り続け、名ばかりの自由と民主主義があるだけだった。そこに庶民階層からの異議申し立てとして、1858年にメキシコ大統領に就いたのが、先住民インディオ出身のベニト・ファアレスだった。しかし、それを認めない保守派はファアレス派との内乱に突入する（この内乱はフランスの介入出兵も招いた、非常に厄介な戦いになった)。そしてアメリカ合衆国は基本的にファアレス派に立っており、南部連合国という目の前の敵を倒したいま、次に対応すべきはメキシコという意見が、合衆国政府内には多かった。

1867年6月、このメキシコの内乱はファアレス派の勝利で終わる。その少し前、シェリダンには、また新たな指令が来ていた。元南部連合国の構成州だったテキサスとルイジアナに入り、そこでの軍政(占領行政)を担えというのである。シェリダンは両州で、元南軍軍人の復権につながるような動きを厳しく取り締まり、また元黒人奴隷たちの公民権を擁護した。これに関しては政治家たちからの「やりすぎだ」といった声もあり、いろいろシェリダンは難しい状況にも置かれるのだが、それと同時に彼はインディアン対策にも取り組むよう命じられていて、南北戦争が終結しても、なかなか休むひまがなかった。それはグラントがシェリダンを信頼していた証であり、そしてシェリダンにはそれだけの実力が、確かに備わっていた。

コンプレックスをばねにした栄達

フィリップ・シェリダンはアイルランド移民を両親として、1831年に北部ニューヨーク州で生まれた。彼についてよく言われることとして、背の低い、小柄な人物だった。しかし、実際の数字としては身長165センチメートルだったそうで、これは当時のアメリカ人の平均身長から考えれば、「ちょっと小さい人」という程度のこと。別段「ちび」と馬鹿にされるようなレベルではなかった。しかし同時に、シェリダンは極端な胴長短足で、その身体にぶらりと長い腕がついているという、かなり不格好な体格の持ち主だった（北部合衆国大統領エイブラハム・リンカーンはシェリダンの容姿について、「足首がかゆくなったら、かがまなくてもかけるだろう」などと評している）。

この自分のさえない見た目に関し、シェリダンは相当なコンプレックスを持っていたそうだ。その裏返しとして、彼は強烈な上昇志向や自己顕示欲を持つ人間として育っていく。

少年時代のシェリダンは商店の下働きをしながら育ち、苦心しながら勉学を重ね、1848年にウェストポイント陸軍士官学校に入った。彼は粗暴かつ人付き合いの悪い学生で、実際に学内で暴力沙汰を起こして停学処分を食らい、同期生に遅れること1年後の1853年、平凡な成績で士官学校を卒業した。

その後、シェリダンは西部の辺境地帯に歩兵将校として配属され、インディアン対策や測量などの、地味な仕事に延々と従事した。特に軍上層部に期待されていた存在でもなかったようで、昇進は遅く、7年かけて少尉から中尉になり、1861年4月に南北戦争が勃発するや、その翌月、臨戦態勢に入った軍隊のなかで、緊急措置のような形で大尉の地位に登ることができた。

特に南部に縁があるわけでもないシェリダンは、何ら迷わず北軍軍人として戦う道を選ぶが、最初に配属されたのは西部戦線での補給担当部署で、前線での活躍を夢見ていた彼を失望させた。しかし、仕事では決して手を抜かず、帳簿などを丹念に調べ、上官や同僚らの汚職行為を見逃さず指摘するようなことをして、軍上層部から注目されるようになる。シェリダンは、自身に目をかけてくれた上官のウィリアム・シャーマン将軍に、何とか前線勤務につきたいと懇願する。そしてシャーマンがいろいろあっせんして回った結果、なぜかシェリダンは、それまでまったく経験のなかった騎兵部隊に配属され、かつ同時に1862年5月、いきなり大佐に任じられた。また並行して、シャーマン以外にウィリアム・ローズクランズ将軍からも気に入られていたシェリダンは、同年7月にはこれまた突然将軍への昇進を伝えられ、旅団規模の騎兵部隊を任されることになる。いままでの苦労は何だったのだろうという、スピード出世だった。

騎兵の仕事は不慣れだったが、この大抜擢にシェリダンは奮い立った。1862年12月31

日にテネシー州で行われたストーンズリバーの戦いに参加した彼は、南軍の猛攻を受けて逃げる友軍を横目に、粘り強く自分の持ち場に立ち続けた（ストーンズリバーの戦い自体は引き分けに終わる）。さらに1863年11月23〜25日に、同じくテネシー州で行われた第3次チャタヌーガの戦いにおいて、シェリダンは戦場の重要ポイントたるミッショナリーリッジの攻撃を担当。丘の上に陣取る南軍兵たちに荒々しく「かかってこい、その銃を取り上げてやる！」と挑発的に叫び、一気呵成に南軍部隊を蹴散らして、北軍の勝利に貢献した。

明けて1864年春、それまで西部戦線の北軍を統括していたユリシーズ・S・グラント将軍は、首都ワシントンに召喚されて、北軍全体の総司令官に任命される。グラントは西部戦線の現場で、常に荒々しく勇敢に戦うシェリダンを好意的に見ていた。そしてグラントは、シェリダンをワシントンに帯同し、東部戦線での南部連合国首都リッチモンド攻略作戦に従事させるのである。シェリダンは、それに感激を隠さなかった。

シェナンドー・バレーを焼き払う

1864年5月からグラントが始めた、リッチモンドへの大攻勢、オーバーランド作戦におけるイエロータバーンの戦い（5月11日）において、シェリダンの部隊が南軍騎兵部隊を撃破し、その敵部隊を率いていたジェブ・スチュアート将軍を戦死に追い込んだことは、南北双方に衝撃を与えた。もともと南軍騎兵隊の質は北軍騎兵隊より勝っているというのが開戦時からの定説で、かつスチュアートは南軍最高の騎兵指揮官として、非常に恐れられていた存在だったからである。オーバーランド作戦も、北軍の力押しの前に南軍は撤退を重ねるばかりで、いよいよここで南北戦争全体の先行きも見えてきた。

しかし、同時にこの辺りからグラントが頭を悩ませ始めたのが、南軍騎兵ゲリラの活動だった。東部戦線における南軍主力、北バージニア軍の司令官だったロバート・エドワード・リー将軍は、もはや南軍として北軍に正面から戦いを挑んでも、勝つことはできないと悟っていた。そこでリーは、配下の騎兵部隊を隠密裏に出撃させて北軍の後方に回り込ませ、補給拠点などを襲撃させて、敵の動揺を誘う作戦を実施した。南軍による騎兵ゲリラ作戦はそれ以前から行われていたことではあったが、もはや正規戦で勝つ見込みがなくなったリーは、南北戦争の最終盤、より大規模かつ広範な形で、このゲリラ作戦に賭けるようになった。

もちろん、そのようなゲリラ攻撃で戦局の状況全体をひっくり返すことなどはできないのだが、ジュバル・アーリー将軍やジョン・モスビー大佐といった南軍の騎兵指揮官らは、リーの期待に最大限応えた。北軍は彼らのゲリラ攻撃によってたびたび作戦行動を妨害され、またアーリーの部隊は合衆国首都ワシントンのすぐそばにまで出没して市民生活を脅かすなどしたため、「グラントは何をやっているんだ」と政治家や新聞が騒ぎ始め、これも北軍を大いに悩ませた。

グラントはシェリダンに対して、この南軍騎兵ゲリラを何とかしろと厳命した。シェリダンはそれに応じ、四方八方に配下の騎兵部隊を展開させて、アーリーやモスビーの南軍騎兵部隊を追った。しかし、必ずしも大きな戦果が得られない日々が続き、シェリダンは1864年の夏にかけて、ある驚異的な作戦を実行に移す。南軍の騎兵ゲリラが拠点にしていたバージニア州シェナンドー・バレー方面に進出し、そこにある一般民衆の家や農場などを、焼き払い始めたのである。敵騎兵ゲリラそのものを捕捉、撃破することはできなくとも、その敵軍が拠点にしている地域を壊滅状態に追い込めば、そもそもゲリラ活動などできなくなるはずである。また、シェナンドー・バレーはバージニア州内では豊かな農村地域として知られた場所で、北バージニア軍に対する食糧補給も行っていたから、そういう意味でもこの地域を焼き払うことに、戦略上の意味はあった。

シェリダンの非情な行動に、シェナンドー・バレーの民衆は泣き叫びながら逃げまどい、その報を聞いたリーは、シェリダンの暴挙に激怒したという。しかし、シェリダンはまるでせせら笑うように言った。

「シェナンドー・バレーからハーパーズフェリーまで飛ぶカラスでさえ、自分で弁当を持たねば何も食べるものがないほどに、バージニアを破壊せよ」

このころ、西部戦線ではグラントの盟友である北軍のウィリアム・シャーマン将軍が、ジョージア州をシェリダンと同じように焼き払い、この南部屈指の富裕州を、文字通り灰に変えていた。別にシェリダンとシャーマンは、何か示し合わせてこういう焦土作戦を行っていたわけではなく、お互いがお互いの判断で実行したことである。ただし、シェリダンはグラントとシャーマンという大恩ある上官の忠実な部下であり、彼らが生み出した「総力戦」という新しい戦争の概念をも、そのまま忠実に身につけていたのである。

かくして１８６５年４月９日、南軍のリーは北軍のグラントに降伏し、南北戦争は終わった。しかし、シェリダンの戦争はまだまだ続いた。彼は北軍全体の戦勝記念パレードにさえ呼ばれず、次から次に新しい任務を与えられ、全米各地を飛び回っていた。そしてシェリダンは、それがグラントからの期待と評価ゆえであることを、よく知っていた。

先住民族弾圧に辣腕を振るう

南北戦争後におけるシェリダンの最大の任務は、対インディアン戦争だった。アメリカ大陸の先住民族であるインディアンを駆逐し、白人のための開拓地を西へ西へと広げていくことは、アメリカ建国どころか、この新大陸にヨーロッパからの植民者たちが到達し始めたころからの、一貫して変わらない大方針だった。もちろんそれは、彼らに対する大変な人権侵害、侵略行為であるのだが、少なくとも20世紀初頭くらいまで、白人たちはインディアンを「なぜか人の言葉を理解することができる害獣」くらいにしか思っておらず、彼らへの弾圧政策は凄惨を極めた。

しかし一方で、西部の平原地帯などに対する土地勘があるのは、白人よりも圧倒的にインディアンだった。また、彼らには身体能力の高い、誇り高い戦士たちが多く、馬や銃の扱いでも、白人を凌駕しているケースが多々あった。よって特に南北戦争以前、白人たちにとってインディアンとは、決して簡単に制圧できるような存在ではなかったのだ。

だが南北戦争が、そのパワーバランスを大きく変え始める。この内乱で積極的に活用された鉄道や電信といった新技術が、どしどしと西部辺境地域にも導入されるようになり、これら「科学の力」がインディアンの「土地勘」を上回るようになっていく。また、南北戦争後に彼らと対峙したシェリダンは、南軍を倒したときと同じような戦法を、インディアンにも用いていく。

シェリダンの部下たちは、何ら罪のないインディアンの集落を一方的に襲撃し、女性や子供にも銃を向け、彼らの持つ食糧などを強奪していった。また、インディアンとの戦いのなかでシェリダンが目を付けたのが、当時の西部の平原に大量に生息していたバファローだった。インディアンにとってのバファローは貴重な食糧や毛皮の供給源であり、まさに生活の基盤たる生き物だったが、シェリダンは部下たちに大規模なバファロー狩りを命じて、これを絶滅寸前にまで追いやったのだ（シェリダン本人が具体的にバファロー狩りを奨励・推進した具体的記録はないという意見もあるが、彼が対インディアン戦争に従事していた時期に、バファローが絶滅の一歩手前へ追いやられていったのは事実である）。

現在では伝説化された、こんなエピソードがある。あるインディアンの代表がシェリダンに面会を求め、「私はいいインディアンです」と言った。シェリダンはそれに対して、「いいインディアンとは、死んだインディアンだけだ」と答えた――。この通りの言葉を、シェリダンが口にした事実はないそうである。しかし、シェリダンがインディアンを侮蔑的に見ていた人物だったことは、多くの資料によって証明されており、実際に彼はとてつもなく非情なやり方で、インディアンの生活環境を破壊していった。北米大陸に白人が到達し始めて以来行われていた、白人とインディアンの戦争は、このシェリダンの登場によって、極めて悲惨な形で、終結に向かっていった。

このように、シェリダンとはグラント、シャーマンが生んだ「総力戦」という概念を、一つの形に完成させた人物だった。それはアメリカ軍が第2次世界大戦で行った戦略爆撃や原爆投下、またロナルド・レーガンがソ連を「悪の帝国」と呼んであえて軍拡競争に巻き込み、経済的な疲弊に追いやって冷戦に勝利したといったエピソードに代表される、「アメリカの戦争のやり方」の基礎的な部分をつくった人物が、シェリダンだったということである。

1870年にプロイセン（ドイツ）とフランスの戦争、普仏戦争が起こったとき、グラントはシェリダンをヨーロッパに派遣してこれを観戦させ、帰国後にその感想を求めた。シェリダンは、プロイセンが持つ参謀本部システムは非常に参考になるものの、彼らが行っている戦争の手腕それ自体は、特に秀でたものがないと報告している。

事実かどうかには諸説があるものの、南北戦争が始まったとき、プロイセンのヘルムート・フォン・モルトケ参謀総長は「アメリカに観戦武官を送るべきか否か」と聞かれ、「武器を持った民間人が荒野で追いかけっこをするのを見ても、何にもならない」と答えた、と言われている。しかし、その南北戦争を経て、シェリダンはまさにプロイセンの戦争を否定して見せたのだ。そういう意味では、コンプレックスをばねに未曽有の内乱を戦い抜いたこの不格好な小男こそが、南北戦争が生んだ、アメリカの軍事的至宝だったのかもしれない。

1883年に、シェリダンはウィリアム・シャーマンの後を継いで、合衆国陸軍の総司令官職に就いた。とにかくさまざまな軍務を与えられて忙しく暮らしていたシェリダンは、この辺りでようやくホッとした日常を手に入れたのか、回顧録の執筆を始めている。1888年、その原稿を書き上げて出版社に渡したシェリダンは、直後に心臓発作で倒れる。即死ではなかったものの、政府、議会はこの大人物の昏倒に驚き、同年6月1日、建国以来、グラントとシャーマンにしか与えられたことのない、星4つの階級章を持つ将軍（日本語訳では「陸軍大将」とも）の地位に就けた。シェリダンはその知らせを喜んで受け取ったものの、心臓発作はその後も断続的に彼を襲った。そして8月5日、シェリダンは心不全にて、57歳で死去した。その死の瞬間まで、現役の陸軍総司令官だった。

あとがき

19世紀の白人文明圏において、多くの軍人たちが尊敬し、仰いでいた存在がナポレオン・ボナパルトだった。

確かにナポレオンは天才的な軍事指揮官であり、巧みな用兵でもってしばしば数に勝る敵軍を翻弄して撃破し、19世紀初頭のヨーロッパに強大なフランス帝国を築き上げた英雄だった。最終的にナポレオンの帝国は瓦解し、彼自身も流刑の果てにむなしく死ぬことにはなるものの、その軍事的才能は疑いようがなかった。また、ナポレオンは彼自身が当時の国家元首であり、戦場でさまざまな作戦を立てると同時に、政治構想も組み立て、実際そのように当時のヨーロッパを取り回していた。演説もうまく、ナポレオン配下の将兵たちは彼を心底尊敬していて、これもまたナポレオンの強さの源泉だった。

無類の戦上手にして、民からも強く慕われる国家指導者――。それがナポレオンという英雄の姿で、確かにこれは多くの軍人たちから目標にされるのも無理はない。南北戦争期のアメリカの軍人たちも、その多くがナポレオンのような働きをしたいと考えた。しかし、結果から言えば、彼らの思惑はほとんど成就しなかった。

ようするに、ナポレオンほどの軍事的才能の持ち主はどこにでもいるようなものではなく、単に南北戦争期の軍人の能力がナポレオンに比べて低かったというのは一つの事実なのだが、同時にアメリカとは民主共和制国家であり、その政治方針はまず議会において話し合われるべきもので、軍人が決めるものではなかった。また、当時のアメリカではすでに新聞や雑誌などのマスコミが高度に発達しており、言論の自由も保証されていたから、政治家だろうと高級軍人だろうと、容赦のない監視、批判の対象になった。これではなかなか世に「英雄」も生まれにくい。結果、南北戦争の特に前半期、戦場ではナポレオン崩れのような半端な将軍たちが右往左往する光景があちこちに見られ、戦争全体の状況は、ほとんど混沌としていた。

南北戦争の中盤以降に台頭し、結果としてこの内乱に終止符を打った、例えば北軍のユリシーズ・S・グラントやウィリアム・テカムセ・シャーマンといった将軍たちは、個人としてはかなり地味な人柄で、自らをナポレオンのような英雄に擬することもなかった。彼らは間違いなくアメリカ合衆国の高級軍人ではあったが、自らは国家に仕える一公務員にすぎないという自覚が強固にあって、国家指導者であるエイブラハム・リンカーンには基本的に忠実だった。そういう、個人の功績をいたずらに追わず、国家が自分という役職者に何を期待しているのかを正確に把握し、いわば大がかりな「公共事業」のような形で南軍を追い込んでいった過程こそが、グラントやシャーマンによって「総力戦」の原型がつくられた意味だったのかもしれない。

そもそも、アメリカの歴史のなかに、「英雄」と呼べそうな人物は少ない。南北戦争以前のジョージ・ワシントンやトマス・ジェファーソン、また南北戦争以後のダグラス・マッカーサーやドワイト・アイゼンハワー、さらにはジョン・F・ケネディやロナルド・レーガンといった面々にしたところで、有能で目立つ人柄だった一方、どこか欠点や抜けたところなどもあり、決して一人で独裁的に、アメリカを取り回していたわけではない。

もちろん、アメリカには厳格な三権分立や、それにもとづく議会システムなどがあって、簡単に独裁者のような人間が出てこないような国家としての仕組みが、いくつも備わっている。そうしたところもまた、アメリカを「英雄のいない国」にしていったところが多分にあるだろう。

本書の冒頭で、旧南部連合国首都リッチモンドにかつてあった、ロバート・エドワード・

リーら南軍の将軍たちの銅像について記したが、実はあのような像は、決してアメリカのあちこちに、普通にあるものではない。例えばアメリカ合衆国の首都ワシントンDCには、「ワシントン記念塔」という、建国の父たるジョージ・ワシントンを顕彰するモニュメントがあるが、これは石造の尖塔（オベリスク）で、ワシントンの銅像などが脇にあるようなものではない。アメリカはもともと共和主義の国で、たった一人の英雄、国王などを称える価値観を拒絶するような精神が、伝統的にある。それでワシントン死後に何か彼の記念碑をつくろうという動きがアメリカ国内で湧き上がった際にも、「銅像などを建てると個人崇拝につながる」と言われ、ワシントンの記念碑はただ石塔として建てられたのである。

もちろん、そういういわば「共和政原理主義」のような考え方も、時代が下るにつれて徐々に弱まっていき、今ではアメリカの各地に、国の偉人を称えるような銅像が立っていることもある。しかし、やはりそこまで一般的な風潮ではなく、例えば南北戦争の古戦場などに行っても、そこに個別の将軍の銅像などが立っている例は割合少ない。ワシントン記念塔のような石塔や、あとは「無名兵士の像」などと呼ばれる、個別具体的な将兵を模したものではない、一般兵の銅像が立っているといったケースのほうが多い。

そう考えれば、特に南北戦争後の南部において「失われた大義」という歴史修正主義が蔓延していた事実とも考え合わせて、なぜリッチモンドにはロバート・エドワード・リーの銅像が立っていたのかの意味も――BLM運動がそれを非常に嫌悪した事実も含め――よく考えてみなくてはならないのだろう。

それはともかくとして、アメリカの歴史のなかに、とびぬけた英雄のような存在が少ないことは事実である。アメリカ史とは、いわばそれ自体が巨大で複雑な群像劇であり、長短両面ある、問題児だが同時にどこか憎めない人々がドタバタと絡み合いながら織りなしてきた、奇妙かつ魅力的な物語なのである。それは、アメリカ史最大の事件ともされる南北戦争を戦った人々の人物伝を収めた本書を読んでいただいた読者には、何かわかるところがあるのではなかろうか。今やアメリカは世界の超大国で、その細かな動向までもが世界情勢全体に影響を与えるような国だが、そういうアメリカを根底のところで動かしているメカニズムとは、今なお「英雄ならざる人々の、ドタバタ的な群像劇」にあるのではないかと、筆者はひそかに思っている。

筆者は2020年に『南北戦争――アメリカを二つに裂いた内戦』という、この内戦についての概説書を、中央公論新社から出版した。ありがたいことに多くの読者から好評を博したのだが、よく届いた感想として、「出てくる人物たちが非常に魅力的で、面白い」というものがあった。「これは本当に実在した人たちなのか。まるで漫画やアニメのキャラクターではないかと疑ってしまうほどの興味深さがある」とまで言ってくれた人もいた。そうした感想には、筆者もよく理解できるところがある。そういう群像劇を見ているような面白さこそが、南北戦争に限らず、アメリカ史の魅力というものなのである。

そこで今回、ある意味でそういう声に応じるような形で、この南北戦争にまつわる人物伝を筆者は書いてみた。あまり日本では知られていない南北戦争史の魅力について、より多くの人々に伝えることができれば幸いである。もとより筆者はアカデミズムの人間ではなく、前著『南北戦争――アメリカを二つに裂いた内戦』にしても本書にしても、娯楽歴史読み物の範疇《はんちゅう》を出ないものだが、そういう本もまた、何か世の中に貢献できるものはあろうと信じる。

また本書の発行にあたっては前著と同様、中央公論新社にお世話になった。直接の編集作業を担ってくれた、上林達也氏、田頭晃氏にここでお礼申し上げる。

2024年10月

小川寛大

介監訳、丸善、1993年
ジョン・キーガン『情報と戦争』並木均訳、中央公論新社、2018年
ジョン・ルイス・ギャディス『大戦略論』村井章子訳、早川書房、2018年
ドリス・カーンズ・グッドウィン『リンカン』上、下、平岡緑訳、中央公論新社、2011年
ドルー・ギルピン・ファウスト『戦死とアメリカ』黒沢眞里子訳、彩流社、2010年
フィリップ・キャッチャー『南北戦争の北軍』斎藤元彦訳、新紀元社、2001年
フィリップ・キャッチャー『南北戦争の南軍』斎藤元彦訳、新紀元社、2001年
ブライアン・レイヴァリ『航海の歴史』千葉喜久枝訳、創元社、2015年
ブルース・キャットン『南北戦争記』益田育彦訳、バベルプレス、2011年
ベル・アーヴィン・ワイリー『南北戦争の歴史』三浦進訳、南雲堂、1976年
マーガレット・ミッチェル『風と共に去りぬ』4、荒このみ訳、岩波文庫、2015年
リチャード・ホーフスタッター『アメリカの政治的伝統』Ⅰ、田口富久治・泉昌一訳、岩波書店、2008年
ルイ・メナンド『メタフィジカル・クラブ』野口良平・那須耕介・石井素子訳、みすず書房、2011年
ロバート・ペン・ウォーレン『南北戦争の遺産』留守晴夫訳、圭書房、2011年
内田義雄『戦争指揮官リンカーン』文春新書、2007年
貴堂嘉之『南北戦争の時代』岩波新書、2019年
中野博文『暴力とポピュリズムのアメリカ史』岩波新書、2024年
堀元美『帆船時代のアメリカ』下、朝日ソノラマ、1996年
本田創造『アメリカ黒人の歴史　新版』岩波新書、1991年
森本あんり『アメリカ・キリスト教史』新教出版社、2006年
山田義信『アメリカ南北戦争時の外交』東京図書出版会、2010年
山梨勝之進『歴史と名将』角川新書、2023年

Ron Chernow, *Grant*, Penguin Books, 2017
Roy Morris, *Sheridan*, Knopf Doubleday Publishing Group, 1993
S. C. Gwynne, *Rebel Yell*, Scribner, 2014
Shelby Foote, *The Civil War: A Narrative Volumes 1-3*, Vintage, 1986
Stephen W. Sears, *George B. McClellan*, Ticknor & Fields, 1988
T. Harry Williams, *P. G. T. Beauregard*, LSU Press, 1995
Ulysses S. Grant, *Personal Memoirs of Ulysses S. Grant*, Cosimo Inc., 2006
William C. Davis, *Look Away!: A History of the Confederate States of America*, Free Press, 2003
William Tecumseh Sherman, *Memoirs of General W. T. Sherman*, The Library of America, 1990

ウォルト・ホイットマン『ホイットマン自選日記』上、杉木喬訳、岩波文庫、1967年
ヴォルフガング・シヴェルブシュ『敗北の文化』福本義憲・高本教之・白木和美訳、法政大学出版局、2007年
エドマンド・ウィルソン『愛国の血糊』中村紘一訳、研究社出版、1998年
エリック・フォーナー『業火の試練』森本奈理訳、白水社、2013年
カール・サンドバーグ『エブラハム・リンカーン』Ⅰ、Ⅱ、Ⅲ、坂下昇訳、新潮社、1972年
クレイグ・L・シモンズ『南北戦争』友清理士訳、学研M文庫、2002年
クレメント・イートン『アメリカ南部連合史』益田育彦訳、文芸社、2016年
ケネス・C・ホイーア『リンカン』小原敬士・本田創造訳、岩波新書、1957年
コリン・ウッダード『11の国のアメリカ史』上、肥後本芳男・金井光太朗・野口久美子・田宮晴彦訳、岩波書店、2017年
サムエル・モリソン『アメリカの歴史』２、西川正身訳、集英社文庫、1997年
ジェームス・M. バーダマン『ふたつのアメリカ史』東京書籍、2003年
ジョン・A・ギャラティ『知っておきたいアメリカ史1001』亀井俊

主要参考文献

Brooks D. Simpson, *America's Civil War*, Harlan Davidson, 1996
Burke Davis, *Jeb Stuart*, Gramercy, 2000
Caroline E. Janney, *Petersburg to Appomattox*, University of North Carolina Press, 2018
Douglas Southall Freeman, *Lee*, Simon & Schuster, 1997
Earl J. Hess, *The Rifle Musket in Civil War Combat*, University Press of Kansas, 2008
Earl J. Hess, *Trench Warfare under Grant and Lee*, The University of North Carolina Press, 2013
Earl J. Hess, *Civil War Infantry Tactics*, Louisiana State University Press, 2015
Earl J. Hess, *Braxton Bragg*, The University of North Carolina Press, 2016
Elizabeth D. Leonard, *Benjamin Franklin Butler*, The University of North Carolina Press, 2022
Elizabeth Varon, *Longstreet*, Simon & Schuster, 2023
Gary W. Gallagher/Joan Waugh, *The American War*, Flip Learning, 2016
George C. Rable, *Conflict of Command*, LSU Press, 2023
James Longstreet, *From Manassas to Appomattox*, Da Capo Press, 1992
James M. McPherson, *Battle Cry of Freedom*, Oxford University Press, 1988
James M. McPherson, *War on the Waters*, The University of North Carolina Press, 2012
Jeffry D. Wert, *The Sword of Lincoln*, Simon & Schuster, 2005
Mark Hughes, *The New Civil War Handbook*, Savas Beatie, 2009
Raimondo Luraghi, *A History of the Confederate Navy*, Naval Institute Press, 1996
Raphael Semmes, *Memoirs of Service Afloat, During the War Between the States*, Red and Black Publishers, 2023
Robert K. Krick, *The American Civil War*, Osprey Publishing, 2001

年	月日	できごと
	5月6日	北軍のバトラー将軍によるバミューダ・ハンドレット作戦が始まる
	5月7日	北軍のウィリアム・シャーマンによるジョージア州侵攻が始まる
	5月8日	バージニア州でオーバーランド作戦の一環、スポットシルバニアの戦い起こる
	5月11日	バージニア州でオーバーランド作戦の一環、イエロータバーンの戦い起こる
	5月15日	北軍のフランツ・シーゲル将軍によるシェナンドー・バレー侵攻が始まる
	5月31日	バージニア州でオーバーランド作戦の一環、コールドハーバーの戦い起こる
	6月15日	バージニア州でピーターズバーグの包囲戦が始まる
	6月19日	フランスで南部海軍のCSSアラバマが撃沈される
	8月2日	北部海軍によるアラバマ州モービル湾攻撃が始まる
	8月	北軍のフィリップ・シェリダン将軍によるシェナンドー・バレー侵攻が始まる
	9月2日	ジョージア州アトランタが陥落
	11月8日	北部の大統領選挙でリンカーンが再選
	11月15日	北軍のシャーマン将軍がジョージア州の焦土化作戦、海への進軍を開始
	12月15日	テネシー州でナッシュビルの戦い起こる、北軍勝利
1865	1月31日	合衆国憲法修正第13条が批准される、アメリカの奴隷制の完全廃止
	2月6日	南軍のリー将軍が南軍総司令官に就任
	3月13日	南部連合議会が黒人志願兵受け入れ法案を可決させる
	4月3日	南部連合国首都リッチモンドが陥落
	4月9日	南軍総司令官リーが降伏
	4月14日	北部大統領リンカーンが暗殺される
	5月5日	南部連合政府が解散を宣言
	5月10日	南部大統領デービスが北軍に逮捕される

南北戦争略年表

年	月日	できごと
1862	5月20日	北部合衆国でホームステッド法が発効、西部開拓がさらに促進される
	6月25日	7日間の戦い起こる、北軍がバージニア半島から撤退開始
	6月31日	セブンパインズの戦い起こる、北軍が南軍首都リッチモンド前面に達する
	8月28日	バージニア州で第2次ブルランの戦い起こる、南軍勝利
	9月17日	メリーランド州でアンティータムの戦い起こる、北軍勝利
	9月22日	北部リンカーン大統領が奴隷解放宣言を予備布告
	10月	南軍によるケンタッキー侵攻作戦、ハートランド攻勢が挫折
	12月11日	バージニア州でフレデリックスバーグの戦い起こる、南軍勝利
	12月31日	テネシー州でストーンズリバーの戦い起こる、引き分け
1863	1月1日	北部リンカーン大統領による奴隷解放宣言の本布告
	4月2日	南部連合国首都リッチモンドで最初の食糧暴動
	4月30日	バージニア州でチャンセラーズビルの戦い起こる、南軍勝利
	7月1日	ペンシルバニア州でゲティスバーグの戦い起こる、北軍勝利
	7月4日	ミシシッピ州で南軍のビックスバーグ要塞が陥落
	7月13日	ニューヨークでアイルランド移民を中心とした反徴兵暴動が起こる
	11月19日	北部大統領リンカーンによるゲティスバーグ演説
	11月23日	テネシー州で第3次チャタヌーガの戦い起こる、北軍勝利
1864	3月9日	ユリシーズ・S・グラントが北軍総司令官に就任
	3月10日	北軍のナサニエル・バンクス将軍によるレッド川作戦が始まる
	5月5日	バージニア州でウィルダネスの戦い起こる、オーバーランド作戦発動

南北戦争略年表

年	月日	できごと
1860	11月6日	合衆国大統領選挙で共和党のエイブラハム・リンカーンが当選
	12月20日	サウスカロライナ州が合衆国からの離脱を宣言（南部諸州の最初の離脱）
1861	2月4日	アラバマ州モンゴメリに南部諸州が集まり、南部連合の結成を宣言
	2月18日	ジェファーソン・デービスが南部連合暫定大統領に就任する（後、正規の大統領に）
	4月12日	北軍がこもるサウスカロライナ州サムター要塞を南軍が砲撃、南北戦争勃発
	4月15日	北部リンカーン大統領が義勇兵7万5000人を募ると発表
	4月17日	バージニア州が合衆国から脱退、24日に州都リッチモンドが南部連合国首都に
	4月19日	北部リンカーン大統領が南部を海上封鎖すると宣言
	7月21日	バージニア州で第1次ブルランの戦い起こる、南軍勝利
	8月10日	ミズーリ州でウィルソンズ・クリークの戦い起こる、南軍勝利
	9月3日	南軍が境界州のケンタッキー州コロンバスを占領
	11月8日	北部海軍が英国船トレント号を拿捕し、乗客の南部連合使節を逮捕（トレント号事件）
1862	1月20日	合衆国陸軍長官キャメロン解任、後任にスタントン
	2月16日	テネシー州で南軍の要塞、ドネルソン要塞が陥落
	3月9日	バージニア州ハンプトンローズでUSSモニターとCSSバージニアによる世界初の金属装甲軍艦同士の海戦が発生
	3月17日	北軍がバージニア州バージニア半島に上陸、半島作戦始まる
	4月6日	テネシー州でシャイローの戦い起こる、北軍勝利
	4月28日	北部の陸軍海軍が協調しルイジアナ州ニューオリンズに上陸、占領

小川寛大　Ogawa Kandai

ジャーナリスト。1979年、熊本県生まれ。早稲田大学政治経済学部卒。宗教業界紙『中外日報』記者を経て、2014年より宗教専門誌『宗教問題』編集委員、15年に同誌編集長に就任。また2011年に結成された、日本人によるアメリカ南北戦争史の愛好会「全日本南北戦争フォーラム」で事務局長を務める。著書に『南北戦争　アメリカを二つに裂いた内戦』（中央公論新社）、『神社本庁とは何か　「安倍政権の黒幕」と呼ばれて』（K＆Kプレス）、『池田大作と創価学会　カリスマ亡き後の巨大宗教のゆくえ』（文春新書）など。

中公新書ラクレ 825

南《なん》北《ぼく》戦《せん》争《そう》英《えい》雄《ゆう》伝《でん》

分《ぶん》断《だん》のアメリカを戦《たたか》った男《おとこ》たち

2024年11月10日発行

著者……小川寛大《おがわかんだい》

発行者……安部順一

発行所……中央公論新社
〒100-8152 東京都千代田区大手町 1-7-1
電話……販売 03-5299-1730　編集 03-5299-1870
URL https://www.chuko.co.jp/

本文印刷…三晃印刷　カバー印刷…大熊整美堂　製本…小泉製本

Published by CHUOKORON-SHINSHA, INC.
Printed in Japan ISBN978-4-12-150825-6 C1222

中公新書ラクレ　好評既刊

ラクレとは…la clef＝フランス語で「鍵」の意味です。
情報が氾濫するいま、時代を読み解き指針を示す
「知識の鍵」を提供します。

L600

リーダーは歴史観をみがけ
―時代を見とおす読書術

出口治明 著

「過去と現在を結ぶ歴史観をみがくことで、未来を見とおすヒントが得られます。それこそが歴史書をひもとく最大の醍醐味でしょう」（本文より）――。ビジネスの最前線にあって、稀代の読書の達人でもある著者が、本物の眼力を自分のものとするために精選した最新ブックガイド109冊！　世界史と出会う旅／古代への飛翔／芸術を再読する／自然という叡智／リーダーたちの悲喜劇／現代社会への視座　全6章。

L677

歴史に残る外交三賢人
―ビスマルク、タレーラン、ドゴール

伊藤　貫 著

冷戦後のアメリカ政府の一極覇権戦略は破綻した。日本周囲の三独裁国（中国・ロシア・北朝鮮）は核ミサイルを増産し、インド、イラン、サウジアラビア、トルコが勢力を拡大している。歴史上、多極構造の世界を安定させるため、諸国はバランス・オブ・パワーの維持に努めてきた。聡明な頭脳と卓越した行動力をもち合わせた三賢人が実践した「リアリズム外交」は、国際政治学で最も賢明な戦略論であり、日本が冷酷な世界を生き抜く鍵となる。

L823

分断国家アメリカ
―多様性の果てに

読売新聞アメリカ総局 著

アメリカの分断を体現する「排他主義」のトランプ対「多様性の象徴」ハリスの大統領選挙。世界を先導してきたアメリカの民主主義はどこへ向かうのか。ブラック・ライブス・マター運動で広がる黒人と白人の溝、キリスト教やLGBTQを巡る「青い州」と「赤い州」の対立、国境の街とリベラルな都市の不法移民の押し付け合い、ユダヤ・アラブ・アジアなど国際情勢から派生する攻防――激しさを増す軋轢に苦しむアメリカの今を描き出す総力ルポ。